COCINA VEGANA

M.ª Paz Valdés

LA
LIBSA

© 2014, Editorial LIBSA
C/ San Rafael, 4
28108 Alcobendas (Madrid)
Tel.: 91 657 25 80
Fax: 91 657 25 83
e-mail:libsa@libsa.es
www.libsa.es

COLABORACIÓN EN TEXTOS:
M.ª Paz Valdés y equipo editorial Libsa
EDICIÓN: equipo editorial Libsa
DISEÑO DE CUBIERTA: equipo de diseño Libsa
MAQUETACIÓN: equipo de maquetación Libsa
ILUSTRACIONES: Photos.com. Shutterstock Images, 123 RF
y archivo Libsa

ISBN: 978-84-662-2684-4

DL: M 23756-2013

Contenido

PRESENTACIÓN, 5

INTRODUCCIÓN, 6
Los nutrientes, 6 • Una vida natural, 8

BÁSICOS CASEROS, 10
Preparaciones muy versátiles, 10 • Seitán, 10 • Leches vegetales, 14 • Tofu, 18 • Yogures veganos, 20 • Veganesa, 22 • Tempeh, 23 • Recetas veganas, 24

CEREALES, 30
Granos y semillas, 30 • Alforfón o trigo sarraceno, 33 • Amaranto, 33 • Arroz, 34 • Arroz salvaje, 37 • Avena, 38 • Cebada, 40 • Centeno, 41 • Maíz, 43 • Mijo, 44 • Quinoa, 45 • Sorgo, 46 • Teff, 46 • Trigo, 47 • Recetas veganas, 50

LEGUMBRES, 58
La proteínas vegetales, 58 • Alfalfa, 62 • Algarroba, 63 • Altramuz, 64 • Alubia, 64 • Cacahuete, 65 • Fenogreco, 66 • Garbanzo, 67 • Guisante, 68 • Haba o judía, 69 • Judía mungo, 69 • Judía azuki, 70 • Lenteja, 70 • Soja, 72 • Recetas veganas, 74

LA HUERTA, 80
Frutas, verduras, hortalizas y más, 80 • Flores aromáticas comestibles, 86 • Hierbas y especias, 88 • Setas y trufas, 89 • Algas: las verduras del mar, 91 • Recetas veganas, 96

FRUTOS SECOS Y SEMILLAS, 102
Cápsulas de vida, 102 • Frutos secos, 102 • Otras semillas oleaginosas, 110 • Recetas veganas, 114

GERMINADOS Y FERMENTADOS, 120
Tradición culinaria, 120 • Germinados, 120 • Fermentados, 125 • Recetas veganas, 132

DULCES VEGANOS, 138
Azúcar, 138 • Melazas, 142 • Siropes, azúcares y extractos de otras plantas, 144 • Veganizando recetas, 147 • Recetas veganas, 150

TÉRMINOS USUALES, 158

ÍNDICE DE AMERICANISMOS, 159

ÍNDICE DE RECETAS, 159

Presentación

Comer es uno de los goces principales de la vida y para cualquier vegano una buena comida brinda un placer añadido: alimenta sin perjudicar a ningún animal. La ausencia de carne, pescado, marisco, huevo, leche, miel y todos sus derivados y subproductos es una manera de entender la vida que busca relacionarse respetuosamente con el mundo que le rodea y rechaza cualquier forma de explotación o maltrato animal.

Pero suprimir todos los alimentos que provienen de los animales no es algo que se pueda hacer así como así o nos arriesgaríamos a sufrir carencias nutricionales. Sea cual sea la dieta que se siga, si es monótona y no cubre los requerimientos mínimos del organismo, le está haciendo un favor a la enfermedad. Nuestra meta es alcanzar una dieta vegana sana, rica, variada y sin excesos, a base de productos de temporada, locales, sin pesticidas ni disfraces químicos que engañen a los sentidos, y cocinada con conocimiento. Una dieta mediterránea en la que los alimentos de origen animal desaparecen y el balance positivo se obtiene con los vegetales y con la inspiración que proporcionan otras culturas gastronómicas (asiática, centroeuropea o africana).

Al optar por una alimentación vegana no queremos que nuestro goce implique el dolor de otro ser vivo, pero el paladar puede añorar sabores conocidos y desear recuperarlos. No hace falta privarse de ellos, porque vamos a encontrar en los diferentes capítulos recetas clásicas a las que vamos a darles el «toque» vegano. Haremos «comida rápida» casera muy sana. Vamos a elaborar nuestra propia «leche» vegetal y descubriremos lo sencillo que es conseguir, a partir de ella productos lácteos como nata, queso o yogur totalmente vegetal.

Esta travesía es también una invitación a paladares curiosos y espíritus inquietos dispuestos a ampliar los horizontes de su cocina con ingredientes hasta ahora desconocidos. Tendremos platos tradicionales, creativos, internacionales, mestizos... con los que disfrutar y hacer disfrutar a quienes se sienten a nuestra mesa. Recetas hechas con cabeza para enamorar al paladar sin traicionar el corazón.

Introducción

La opción vegana no es solo una alternativa dietética sana, es una concepción de la existencia basada en unos principios éticos, que se caracteriza por el compromiso medioambiental. Al afectar a múltiples facetas de la vida, el veganismo supone una concienciación en los hábitos de consumo –alimentación, ropa, calzado, cosmética, productos de limpieza, etc.– y una actitud activa como ciudadano y consumidor responsable.

Un repaso a la terminología que se viene usando desde el siglo XIX nos descubre que los vegetarianos son personas que no comen ni carne ni pescado y puede que consuma o no huevos o leche. Cuando consumen ambos hablamos de ovolactovegetarianos. Un vegetaliano (con «l») es quien prescinde de los productos de origen animal solo a la hora de alimentarse y un vegano quien se implica en todos los aspectos de la vida. Los crudiveganos, además, no cocinan ningún alimento a más de 41,5 °C. Los frugívoros son veganos que consumen exclusivamente frutos crudos y de temporada.

La dieta exenta de productos de origen animal y de sus derivados puede ser excelente, pero, antes de adoptarla, es preciso conocer los principios de una alimentación sana.

Los nutrientes

Las necesidades nutricionales varían según la actividad física de cada uno (los deportistas tendrán requerimientos nutricionales importantes), el momento vital (infancia, embarazo, madurez…) y el estado de salud.

El rostro oscuro de los carbohidratos son los alimentos refinados como arroz , harinas o azúcares blanqueados.

- Los HIDRATOS DE CARBONO (glúcidos o carbohidratos). Abarcan azúcares, almidones y fibra, son la fuente energética por excelencia y deberían constituir entre el 40 y el 60% de la dieta de un adulto sano. Los encontramos en cereales, legumbres, verduras y frutas. Existen carbohidratos simples (de asimilación rápida) y complejos (de asimilación lenta). En las frutas y algunas verduras encontramos carbohidratos simples muy beneficiosos, acompañados de vitaminas, minerales y fibra. Los carbohidratos complejos tienen un alto contenido en fibra dietética y en nutrientes esenciales y mantienen los niveles de azúcar en sangre. Los encontramos en cereales integrales, legumbres y frutos secos.

- Las GRASAS (o lípidos). Constituyen una importante reserva energética para el organismo, influyen en la regulación de la temperatura corporal y facilitan la absorción de las vitaminas liposolubles. Las necesidades diarias de grasas son del 10-15%. Están en el aceite de oliva, frutos secos y semillas oleaginosas.

- Las PROTEÍNAS. Son las responsables de formar, mantener y reparar los tejidos del cuerpo, tienen una cifra de necesidades diarias entre el 10 y el 20%. Con una dieta vegana podemos obtener proteínas tan completas en aminoácidos esenciales como las de origen animal combinando legumbres-cereales, frutos secos-cereales y soja.

- Los MINERALES. En una dieta vegetariana no puede faltar el calcio, fundamental para tener unos huesos fuertes y prevenir la osteoporosis. Lo encontramos en vegetales verdes como la col y el brócoli, en las algas (hiziki, wakame, arame)

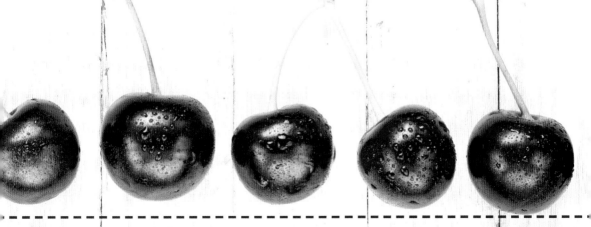

No es fácil que se produzca una deficiencia de vitamina B12, ya que el hígado la almacena y las reservas duran tres o cuatro años.

kombu), la levadura de cerveza, las legumbres, los frutos secos y otras semillas oleaginosas más pequeñas entre las que destacan las de sésamo. Por lo que respecta al hierro, la casi totalidad de las mejores fuentes de este mineral se encuentran en el mundo vegetal: algas, pipas de calabaza y girasol, sésamo, mijo, soja, perejil…

- LAS VITAMINAS. La vitamina D, que ayuda al cuerpo a absorber el calcio, la obtenemos, sobre todo, mediante la exposición de la piel a la luz solar. La vitamina B12 es el punto más controvertido de la dieta vegana y sobre el que aún no hay consenso. Muchos veganos, para no arriesgarse a tener carencias en este sentido, optan por reforzar la dieta con algún algún suplemento alimenticio mientras otros mantienen una vida saludable sin recurrir a ellos. Se recomienda una ingesta de 2,4 microgramos diarios en adultos, la encontramos en las algas, el perejil, los productos fermentados, los germinados, la malta de cebada, el germen de trigo, la masa madre o los higos secos. En cuanto al hierro (que ya hemos visto antes) se asimila mucho mejor acompañado de alimentos ricos en vitamina C y su absorción varía dependiendo de las necesidades de cada organismo.

- LOS ANTIOXIDANTES. Ayudan a retrasar los procesos de envejecimiento celular y se hallan presentes, sobre todo, en las frutas y verduras frescas. Para beneficiarnos de ellos, basta con llenar de colores nuestros platos cada día.

Una vida natural

- LOS ADITIVOS. Los ingredientes de origen animal se encuentran en muchos alimentos en forma de aditivos como conservantes y colorantes. El etiquetado suele ser poco claro y la terminología que se emplea hace que resulte difícil identificarlos. Algunos podremos detectarlos: ácido láctico, caseína, suero (derivados lácteos), albúmina (huevo), gelatina (de los huesos, cartílago y piel de vacas y cerdos), cola de pescado, glicerina animal (E-422), etc., pero la mayoría los vamos a tener que consultar en una guía europea de aditivos.

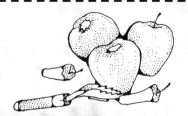

Disfrutar de un pequeño huerto en el jardín o la terraza nos da materias primas de calidad y nos regala un trocito de Naturaleza.

- CONSUMO SOSTENIBLE. La compra ideal combina productos locales, frescos y de temporada con otros internacionales provenientes de comercio justo. Los alimentos frescos que se han dejado madurar respetando su ciclo natural son garantía de sabor y de nutrientes y si prescindimos de las empresas intermediarias conseguiremos precios más justos y el ecosistema saldrá beneficiado (evitaremos la contaminación de los desplazamientos, embalajes, etc.).

- LOS PESTICIDAS. Una dieta sana se nutre de cereales integrales, harinas molidas a la piedra, aceites de primera presión en frío, margarinas no hidrogenadas, etc. Productos todos ellos de calidad y libres de pesticidas perjudiciales para la salud. El Grupo de Trabajo Medioambiental (EWG), presenta estadísticas anuales sobre los productos que acumulan más y menos residuos químicos, que pueden servirnos de referente.

- LAS CONSERVAS. Es importante, también, huir de los alimentos procesados por muy veganos que sean. Muchos de los que solemos encontrar en tiendas (patés, salsas, cremas, aceites aromatizados, masas...) podemos hacerlos en casa fácilmente y por menos dinero.

Básicos caseros

Preparaciones muy versátiles

La cocina vegana goza de algunas preparaciones que resultan de especial utilidad y conviene tener preparadas de antemano, en una suerte de despensa básica. Son alimentos muy proteínicos que sustituyen a la carne o el pescado. Se trata de productos como el seitán, que se obtiene del gluten del trigo y puede cocinarse como si fuera carne, o las leches vegetales de soja, arroz, almendras, coco, etc., que se usan también en preparaciones como la besamel.

Capítulo aparte merecen todos los preparados que derivan de la soja, como el tofu, que es la cuajada de leche de soja, que también se cocina como si fuera carne y del que se elaboran quesos y yogures veganos. Del mismo modo, el tempeh, se logra fermentando soja con el moho *Rhizopus oligosporus* y se consigue así una base proteínica para rebozar, freír, etc., del mismo modo que si fuera carne o pescado.

Seitán

El seitán, muy nutritivo y pobre en calorías, se elabora a partir de la harina de trigo (duro, espelta, Kamut), en concreto, del gluten. Es pura proteína vegetal más fácil de asimilar por el organismo que la de la carne, lo que lo convierte en un alimento recomendable para niños, ancianos, deportistas y personas con problemas digestivos, si bien los celiacos deben abstenerse de comerlo.

Junto con el tofu, es una de las elaboraciones vegetarianas más populares y hoy en día resulta fácil adquirirlo en el mercado bajo diversas presentaciones, aunque la tradicional es en forma de bolas jugosas y esponjosas, de textura firme y color marrón oscuro. Puede cocinarse como la carne (a la plancha, empanado, estofado, en albóndigas, hamburguesas, etc.).

Para el seitán se puede usar harina de trigo, pero también gluten aislado sin almidón adquirido en herbolarios.

100% VEGANO

Preparación del seitán

1. Mezclamos la harina con la sal y las ponemos en un cuenco. Vertemos la mitad del agua, removemos y vamos añadiendo más según lo demande la harina. Queremos obtener una masa compacta que no se pegue a los dedos. Mezclamos bien y amasamos como si hiciéramos pan. Primero, dentro del cuenco y luego sobre la mesa. Cuando la masa esté elástica y fina, formamos una bola. La introducimos en un recipiente grande, la cubrimos de agua y la dejamos así unos 45 minutos.

2. Colocamos la masa en el colador, llenamos de agua limpia el recipiente anterior y la sumergimos. Comenzará a perder el almidón y el agua adquirirá un tono lechoso. Cuando el agua esté muy blanca, la tiramos y ponemos agua limpia. La masa co-

Equipo
- Un cuenco amplio
- Un recipiente grande (cuenco, olla…)
- Una olla grande
- Una cuchara de madera
- Una espumadera
- Un colador grande de agujero fino

La cantidad de gluten varía según el tipo de harina (la de fuerza tiene más) y la variedad (el Kamut o espelta es mejor).

menzará a ponerse fibrosa y con tendencia a desgarrarse, por lo que hay que tratarla con delicadeza para que se mantenga unida. Repetimos el proceso de lavado de la masa hasta que el agua quede transparente, lo que nos indicará que solo queda ya el gluten o proteína del trigo. Si compramos el gluten envasado que se vende en forma de harina no necesitaremos realizar todo este proceso. Tan solo aderezar, añadir poco a poco agua (que puede llevar algún sabor) formar la masa, trabajarla hasta hacer una bola y cocerla entonces.

3. Llenamos una olla con agua abundante, que cubra bien la pieza de seitán, añadimos la salsa de soja, el ajo pelado y las tiras de alga kombu (podemos incluir aderezo extra a nuestro gusto) y cuando hierva, introducimos el seitán. Bajamos el fuego y cocemos durante 45 minutos dándole vueltas para que se cocine por igual. Apagamos el fuego, tapamos y lo dejamos hasta que se enfríe. Una vez completamente frío, podemos cortarlo en rodajas y usarlo para cualquier receta. En el frigorífico se mantiene bien, en un recipiente hermético y con su salsa para que no se seque, hasta cuatro días.

Ingredientes
- 1 y ½ kg de harina de fuerza
- 12 g de sal marina
- 600 cc de agua

Para la cocción:
- Agua
- 250 cc de salsa de soja por litro de agua
- Una cabeza de ajo
- 2 tiras de alga kombu (de unos 10 x 5 cm)

La okara es un ingrediente muy popular en la cocina oriental, aunque destaca sobre todo su uso en panadería y repostería.

Leches vegetales

Las bebidas vegetales conocidas como «leches» se obtienen de licuar **legumbres** como la soja, **pseudocereales** como la quinoa o el amaranto, **cereales** como la avena, el arroz o el Kamut, **frutos secos** y **semillas** como las almendras, las avellanas, las pipas de girasol o el sésamo (ajonjolí), **frutos** como el coco o **tubérculos** como la chufa… Son la alternativa a las leches animales (sin sustituirlas), ya que aportan los nutrientes esenciales, se digieren fácilmente, tienen un sabor agradable y son muy versátiles en la cocina. En la elaboración con **legumbres y cereales hay que hervir** los ingredientes (antes o después de triturarlos), además de remojarlos. Para los **frutos secos, semillas, etc. basta** con las **12 horas de remojo**

*Las habas de la soja no son muy digestivas,
por lo que se recomienda cocinar antes la
legumbre hasta que esté tierna.*

y su triturado, añadir agua mineral, colar y agregar algún producto (algas, aceites vegetales, sal, edulcorantes naturales…) que complete sus propiedades y mejore su sabor.

La pasta que queda como residuo al elaborar estas leches es útil para enriquecer masas o rellenos y se usa como exfoliante suave.

Preparación de leche de soja

1. Lavamos las habas y las dejamos remojar en el triple de agua tibia de ocho a 12 horas. Cuando lleven una hora, las frotamos entre las manos para que se vaya desprendiendo la cáscara, tiramos las que queden por encima y dejamos que sigan en remojo. Escurrimos, tiramos el agua, las enjuagamos bajo el grifo y, quitamos toda la cáscara restante. Ponemos los granos limpios con el triple de agua y hervimos suave cinco minutos. Añadimos un poco de agua fría para detener el hervor, y repetimos el proceso (hervir cinco minutos y añadir agua fría) dos veces más. Hervirá como mínimo 15 minutos. Luego dejamos cocinar a fuego suave hasta que estén tiernas. Apartamos y ya templadas, las trituramos con la batidora.

2. Colamos con una estameña, presionando fuerte la tela para que salga todo el líquido. Hervimos la leche muy suavemente hasta que deje de formar espuma

Equipo
- Robot, licuadora o batidora
- Una olla • Estameña, gasa esterilizada o tela de quesería
- Un colador grande
- Un recipiente para la leche
- Una cuchara de madera

Ingredientes
- 250 g de habas de soja blanca
- Agua

Si mantenemos una buena reserva de leche de soja, podremos acceder a multitud de recetas veganas.

en la superficie (unos 20 minutos), removiendo con la cuchara de madera para que no se pegue en el fondo, añadimos una pizca de sal y dejamos enfriar.

3. Sin endulzar, la bebida obtenida sirve para elaborar kéfir, yogur, tofu, veganesa, besamel… Si vamos a beberla, podemos añadirle, en caliente, vainilla, canela, miel de arroz, jugo concentrado de manzana orgánico o el edulcorante natural que elijamos. Batimos y la dejamos enfriar. Para enriquecer su sabor también podemos combinarla con otras leches vegetales (almendras, avena, avellanas…).

4. Se conserva en el frigorífico, en una botella de cristal bien cerrada, cuatro o cinco días como máximo.

Preparación de leche de almendras

1. Dejamos las almendras en el agua 12 horas. Trituramos. Colamos colocando la tela sobre el colador y presionando para que suelte todo el líquido. Una vez haya escurrido, guardamos la pasta resultante para otros usos (culinarios o cosméticos), removemos bien la leche y ya podemos endulzarla y consumirla.

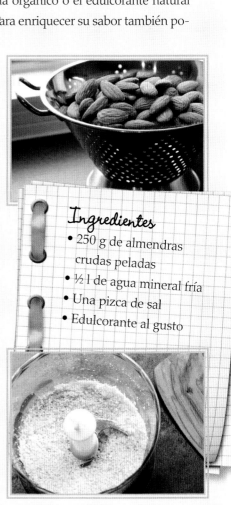

Ingredientes
- 250 g de almendras crudas peladas
- ½ l de agua mineral fría
- Una pizca de sal
- Edulcorante al gusto

2. Si queremos que la leche espese, dure más tiempo y tenga un sabor más intenso, podemos hervir las almendras trituradas con el agua (antes de colarlas) añadiendo a la mezcla un palo de canela, una vaina de vainilla y ralladura de limón. Retira-

Como en toda besamel, es importante evitar que se formen grumos, así que vigilaremos la intensidad del fuego y removeremos.

mos, dejamos enfriar, colamos y servimos o guardamos en el frigorífico (dos días como máximo) en una botella de cristal tapada.

Preparación de besamel vegana

1. Calentamos el aceite en una sartén e incorporamos la harina poco a poco removiéndola a la vez. Cuando toda la harina esté dorada, vertemos la leche también muy poco a poco y sin dejar de remover. Continuamos hasta añadir toda la leche y seguimos unos minutos más para evitar el sabor a harina.

2. Aderezamos con la ralladura de nuez moscada, pimienta blanca recién molida y sal. Removemos un poco más y servimos.

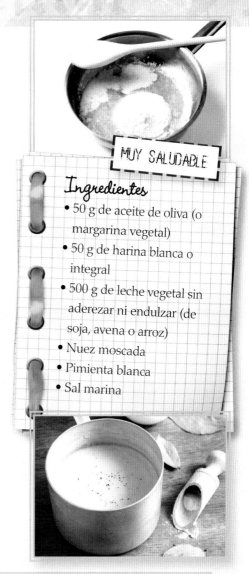

MUY SALUDABLE

Ingredientes
- 50 g de aceite de oliva (o margarina vegetal)
- 50 g de harina blanca o integral
- 500 g de leche vegetal sin aderezar ni endulzar (de soja, avena o arroz)
- Nuez moscada
- Pimienta blanca
- Sal marina

Trucos para besamel
- Si hacemos la besamel al fuego, la clave está en incorporar tanto la harina como la leche muy poco a poco y removiendo bien para que no se formen grumos.
- La cantidad de grasa y de harina debe ser la misma.
- Si la queremos espesa, no es necesario añadir harina, basta con dejarla cocinar lentamente para que se concentre más.

El tofu es más digestivo que la leche de soja y muy versátil: admite todo tipo de sabores y preparaciones, incluso postres.

Tofu

El tofu es la cuajada de la leche de soja, por lo que estamos ante un producto muy rico en proteínas, pobre en calorías y bajo en grasas. En el mercado encontramos tofu natural, pero también tofu ahumado, con sésamo, con olivas negras, con tomate seco... Es muy fácil conseguir lo mismo en casa, mezclándolo con los ingredientes que más nos gusten antes del prensado. A partir del tofu podemos elaborar una crema para utilizar en lugar de la nata o queso fundido y es una variante ideal del requesón, la ricota o el quark.

El tofu podemos conservarlo en el frigorífico cubierto de agua –que iremos cambiando cada día para que nos dure más sin deteriorarse– o también congelarlo.

Ingredientes
• 2 l de leche de soja • 15 g de *nigari* (cloruro de magnesio) • 250 ml de agua caliente (para mezclar el *nigari*)

Preparación de tofu

1. Calentamos la leche de soja a 80 °C, removiendo para que no se pegue. El punto puede ser justo antes de que comience a hervir.

2. Disolvemos el nigari en el agua caliente, añadimos a la leche removiendo para que se mezcle bien y dejamos reposar 20-30 minutos para que la leche se corte. Ponemos la gasa sobre el colador y la volcamos (si lo queremos aderezar este es el momento: después de cuajarlo y antes de colarlo).

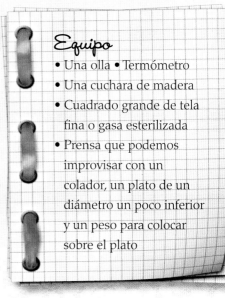

Equipo
• Una olla • Termómetro
• Una cuchara de madera
• Cuadrado grande de tela fina o gasa esterilizada
• Prensa que podemos improvisar con un colador, un plato de un diámetro un poco inferior y un peso para colocar sobre el plato

El requesón de tofu, con miel y frutos secos, es un postre señorial sin renunciar al espíritu vegano.

3. Envolvemos bien con la gasa, colocamos encima el plato, el peso y prensamos bien el tofu para que se compacte y expulse todo el suero durante 25 minutos, estando aún caliente.

4. Para obtener tofu blando, «sedoso», prescindiremos del prensado para que el cuajo quede lleno de humedad y más delicado.

Preparación de requesón de tofu y quark

• 200 g de tofu blando • 2 cucharadas de aceite de girasol • 3 cucharadas de zumo de limón

Elaboración

1. Ponemos todos los ingredientes juntos en un recipiente y aplastamos con el tenedor hasta obtener la textura deseada.

2. Con la batidora podemos conseguir la cremosidad de ciertas variedades de quark que están entre la suavidad del yogur y la sequedad un tanto grumosa del requesón.

3. Para suavizar el sabor bastará con añadir una o dos cucharadas de agua o suero de tofu.

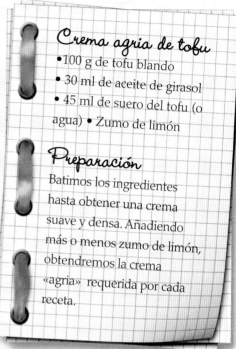

Crema agria de tofu

• 100 g de tofu blando
• 30 ml de aceite de girasol
• 45 ml de suero del tofu (o agua) • Zumo de limón

Preparación

Batimos los ingredientes hasta obtener una crema suave y densa. Añadiendo más o menos zumo de limón, obtendremos la crema «agria» requerida por cada receta.

Yogures veganos

Entre las elaboraciones más populares destaca el **yogur de soja** por su consistencia tan similar a la del yogur tradicional, si bien con otras bebidas vegetales se pueden obtener también y conseguir que sean más densos utilizando algunos trucos como poner menos cantidad de líquido en la proporción o añadir agar-agar.

En este caso hervimos medio vaso de agua con media cucharadita de agar-agar en polvo removiendo bien, lo mezclamos con un vaso de la leche tibia y luego, cuando la leche vuelva a estar tibia, con el resto y el cultivo o yogur. Es importante que la temperatura de la leche a la hora de mezclarla con el cultivo o el yogur sea la adecuada, porque si supera los 50 ºC inactiva el fermento.

Equipo
- Termómetro de lechería o un termómetro de lectura instantánea (en tiendas especializadas en utensilios de cocina)
- Yogurtera o recipiente para yogur, tela para abrigarlo y bolsa isotérmica
- Horno u olla a presión

Sin necesidad de utilizar lácteos animales, podemos beneficiarnos de las bondades de los probióticos eligiendo leche vegetal.

Preparación de yogur vegano

1. Se elabora igual que el yogur de leche animal. Calentamos la leche hasta que esté tibia (40-45 °C), añadimos un poco al cultivo de yogur (o yogur comercial) y mezclamos bien. Incorporamos el resto de la leche, el azúcar, batimos bien con las varillas y vertemos en el recipiente o recipientes.

Ingredientes
- 1 l de leche de soja
- Cultivo de yogur o 150 ml de yogur natural de soja
- Una cucharadita de azúcar integral de caña

2. La yogurtera mantendrá el yogur a la temperatura correcta pero, si no tenemos, podemos optar por verter el preparado en el recipiente elegido (pueden ser seis individuales), abrigarlo envolviéndolo en una tela (toalla o mantita polar) y luego introducirlo en una bolsa isotérmica.

3. Dejamos reposar durante 12 horas en un lugar caliente para que no pierda calor. Podemos ponerlo en el horno apagado y precalentado a 50 °C. O bien calentar agua en una olla a presión hasta alcanzar los 50 °C, colocar en ella los tarros, cerrarla herméticamente, abrigarla y colocarla en la bolsa isotérmica.

4. Una vez haya cuajado, guardamos el yogur en el frigorífico un mínimo de cuatro horas antes de consumirlo.

La lecitina de la soja actúa como emulsionante en la veganesa, de manera que no se corta.

Veganesa

La veganesa es una salsa vegetal que sustituye a la mayonesa. Se hace con cualquier bebida vegetal e incluso con tofu, pero la que se elabora a partir de la **leche de soja** (**sojanesa** o soyanesa) es la que más éxito tiene.

Para aligerar la salsa se le añade más leche y para espesarla, más aceite. Para una veganesa de soja suave usaremos una parte de leche de soja por una y media de aceite y para la versión más densa, la proporción será de una por tres de aceite. Es recomendable no superar esta relación.

Los ingredientes deben estar a temperatura ambiente y se suelen utilizar aceites biológicos de primera presión en frío. Se añaden unas gotas de limón o vinagre al final. También podemos hacer la sojanesa con un yogur natural de soja (sin sabores ni edulcorantes). A partir de una veganesa base podemos elaborar otras salsas incorporando diferentes ingredientes (ajo, mostaza, remolacha, aguacate, hierbas y especias).

Ingredientes

- 100 cc de leche de soja
- Sal marina
- 250 cc de aceite de girasol
- Unas gotas de vinagre o zumo de limón

Preparación de veganesa

1. Batimos la leche de soja y la sal marina a velocidad media y sosteniendo fija la batidora, añadiendo de forma constante un hilo de aceite. Cuando la salsa empiece a emulsionar, movemos el brazo de la batidora de abajo a arriba hasta obtener una consistencia cremosa. Añadimos el limón al final y refrigeramos antes de servir.

El tempeh se conserva bastante bien durante tres o cuatro días en el frigorífico y hasta varios meses congelado.

Tempeh

El tempeh, rico en proteínas, vitaminas del grupo B y minerales, se obtiene fermentando la soja mediante el moho *Rhizopus oligosporus, que* se comercializa en polvo. Por su textura y sabor admite ser rebozado, marinado, frito, en croquetas, en ensalada, estofado, asado…

Ingredientes

• 200 g de habas de soja blanca • 2 cucharadas de vinagre de arroz o manzana • ½ cucharadita de *Rhizopus oligosporus*

Preparación del tempeh

1. Como al hacer leche de soja, antes de acabar el tiempo de remojo, movemos y estrujamos los granos para que suelten su piel y se partan en dos. Pasamos el colador para retirar las pieles. Colamos las habas y tiramos el agua, las enjuagamos con agua fresca y, quitamos las pieles restantes. Ya limpios y partidos, ponemos los granos en la olla, añadimos agua hasta cubrirlos y el vinagre. Cocemos durante unos 30 minutos a fuego vivo, removiendo de vez en cuando. De nuevo, escurrimos el agua, volvemos a poner en la olla y calentamos hasta que se acaben de secar. Apartamos y cuando los granos estén tibios, añadimos el *Rhizopus óligosporus* y mezclamos bien durante un minuto más o menos.

2. Repartimos los granos entre las bolsitas. Colocamos sobre la mesa para aplanarlas, distribuimos bien los granos por las bolsas y agujereamos estas para dejar carriles por los que el moho pueda respirar durante la fermentación. Aplastamos las bolsitas, tratando se sacar el máximo de aire. Las cerramos y dejamos fermentar durante 48 horas a unos 30 °C de temperatura.

Seitán en salsa agridulce

Ingredientes

300 g de calabaza • Sal marina • Una cebolla
• Un pimiento rojo • Un pimiento verde
• Aceite de oliva • Un diente de ajo • Una pizca
de tomillo • Una cucharada de perejil picado
• Pimienta negra • Harina • 12 filetes de seitán
• Una cucharada de cebollino picado

Para la salsa agridulce:

• 3 cucharadas de azúcar • 3 cucharadas de
vinagre de arroz • Una pizca de sal marina • 2
cucharadas de *tamari* • Una cucharada de
salsa de tomate • Una cucharadita de *kuzu* (o
harina de maíz) • 150 ml de agua templada
• 100 ml de zumo de piña

Preparación

Mezclamos el azúcar, el vinagre, la sal, la
salsa de *tamari* y el tomate. Cocinamos a
fuego medio en una sartén removiendo
hasta que se disuelvan el azúcar y la sal.
Disolvemos el *kuzu* en el agua, mezclamos con el zumo, incorporamos a la sartén y, sin dejar de remover, hervimos
suavemente dos minutos. Tapamos y reservamos. Troceamos la calabaza en da-
dos, salamos y la cocinamos al vapor hasta que esté casi tierna. Cortamos la cebolla, el pimiento rojo, el verde y salteamos en el aceite en el que previamente
hemos dorado el ajo. Incorporamos el tomillo, la calabaza, el perejil y salpimentamos. Dejamos que se dore la calabaza y apartamos. Enharinamos los filetes y
los doramos en la sartén con un poco de aceite.

Nota

Los filetes se acompañan de las
verduras, regados con la salsa
caliente y con cebollino
espolvoreado por encima.

Tortitas veganas

Ingredientes

150 g de harina de trigo floja (de repostería) • 30 g de azúcar • Una pizca de sal • 7 g de levadura química (*baking powder*) • 250 ml de leche vegetal (de soja, arroz, avena, almendras…) • 2 cucharadas soperas de aceite de girasol (y algo más para la sartén)

Preparación

En un cuenco, tamizamos la harina junto con el azúcar, la sal y la levadura. En otro recipiente, mezclamos la leche y el aceite con las varillas. Incorporamos los ingredientes secos y batimos suavemente hasta obtener una crema aterciopelada, sin grumos, suave, pero no líquida. Es importante no batir en exceso. Tapamos y dejamos reposar 30 minutos.

Engrasamos una sartén antiadherente y calentamos a fuego medio. Vertemos en el centro un par de cucharadas del batido y dejamos que se extienda cubriendo el fondo. Cuando los bordes se endurezcan y burbujee por el centro, damos la vuelta con ayuda de una espumadera y dejamos un par de minutos por cada lado. Servimos de inmediato acompañadas de sirope, frutos secos, semillas de sésamo y amapola, yogur, fruta, chocolate, helado…

Arroz con leche de almendras

Ingredientes

100 g de arroz redondo • Una pizca de sal marina • Una rama de canela • La corteza de ½ limón • Una vaina de vainilla • 1 l de leche de almendras • 100 g de panela • Canela en polvo

Preparación

En una olla, ponemos el arroz, lo cubrimos de agua fría y añadimos la sal, la rama de canela y la corteza de limón. Hacemos un corte superficial a todo lo largo de la vainilla y extraemos las semillas para incorporarlas a la olla, así como la vaina vacía. Hervimos el arroz hasta que se consuma el agua.

Vertemos la mitad de la leche y cocinamos a fuego lento removiendo. Según vaya consumiéndose la leche, agregamos el resto sin dejar de remover. Al final, añadimos la panela, mezclamos y dejamos que el arroz se cueza hasta que esté cremoso y suave. Volcamos en los recipientes elegidos y espolvoreamos canela.

Nota

La corteza de limón debe estar muy limpia, no solo lavada con agua, sino bien cepillada, antes de cocinar.

Lasaña vegetal
con besamel de arroz

Ingredientes

Una berenjena • Sal • Aceite de oliva
• Una cebolleta • Una zanahoria • Una
rama de apio • Una rodaja fina de
calabaza • 100 g de champiñones
laminados • Un diente de ajo • 2
cucharadas de salsa de soja • 4 cucharadas
de agua • 2 tazas de salsa de tomate
• Placas de lasaña sin huevo • Levadura
de cerveza desamargada • Orégano
Para la besamel: 750 ml de leche de arroz
• 75 g de harina • 75 g de aceite • Nuez
moscada • Sal • Pimienta

Preparación

Laminamos la berenjena limpia. Salamos y
dejamos en un colador 10 minutos para que
desamarguen. Enjuagamos, secamos y doramos sin aceite en sartén. Reservamos. Picamos la cebolleta y rehogamos. Cuando esté
transparente, añadimos la zanahoria rallada, el apio picado y la calabaza a cuadritos.

Nota
La besamel se prepara
calentando la leche con la harina
disuelta, el aceite y las
especias, sin parar
de remover
hasta que espese.

Aparte, salteamos los champiñones con el ajo. Cuando estén, añadimos la salsa
de soja y el agua, dejamos evaporar el líquido e incorporamos a las verduras ya
tiernas. Añadimos la salsa de tomate y cocinamos un par de minutos. Apartamos
y dejamos reposar. Preparamos la besamel. Cocemos las placas y montamos una
lasaña siguiendo este orden: placas, relleno, berenjenas, una fina capa de besamel
y otra de placas. Finalizamos con la besamel espolvoreada de levadura y orégano.
Horneamos 20 minutos a 200 °C.

Tofu a la plancha
con setas

Ingredientes

250 g de tofu • 150 ml de salsa de soja (shoyu) • Aceite de oliva • 2 cebollas • Una pizca de tomillo • 250 g de setas variadas • Semillas de sésamo tostadas

Preparación

Dejamos macerar el tofu en la salsa de soja media hora dándole la vuelta a los 15 minutos para que se impregne por igual. En una sartén, a fuego medio, rehogamos las cebollas, picadas muy finas, hasta que queden transparentes. Espolvoreamos tomillo e incorporamos las setas cortadas en tiras. Tapamos y dejamos unos minutos. Escurrimos el tofu y lo reservamos. Añadimos la salsa de soja en la que había estado macerando a las setas, junto con un par de cucharadas de agua. Subimos el fuego y salteamos las setas hasta que hayan reducido.

Secamos bien el tofu con papel absorbente y lo cortamos en porciones de 1,5 cm de grosor. Lo doramos en la plancha a fuego fuerte y con poco aceite. Debe quedar crujiente por fuera, pero mantenerse cremoso por dentro. Lo servimos en el acto con las setas, la salsa y espolvoreándole las semillas de sésamo.

Nota

Los celiacos pueden sustituir la salsa de soja que contiene trigo (tostado) por el tamari, que no suele llevarlo, aunque depende de las marcas.

«Risotto» de calabacín

y albahaca con yogur de soja

Ingredientes

3 cucharadas soperas de aceite de oliva • Una cebolla • Un puerro • Un calabacín • 300 g de arroz arbori o carnaroli • 200 cc de vino blanco seco (no frío) • 800 cc de caldo de verduras caliente • 100 g de yogur de soja • Una pizca de sal marina • Pimienta negra • Un puñado de albahaca fresca

Preparación

Sofreímos la cebolla y el puerro –muy picados– a fuego lento. Cuando la cebolla esté transparente, añadimos el calabacín cortado a daditos y rehogamos. Incorporamos el arroz, removiéndolo y vigilando que no se tueste. Cuando ya no esté blanco, agregamos el vino y dejamos reducir. Añadimos un cucharón de caldo caliente, dejamos que el arroz lo absorba y repetimos esta rutina con el resto del caldo hasta minutos antes de que finalice la cocción, sin dejar de remover. El arroz estará listo en 18 o 20 minutos.

Ponemos el yogur en un cuenco y lo batimos con las varillas o la batidora eléctrica hasta que quede muy cremoso. Cuando el *risotto* esté casi listo, lo salpimentamos, espolvoreamos la albahaca picada y le mezclamos el yogur con movimientos suaves. Servimos inmediatamente, adornado con hojas de albahaca.

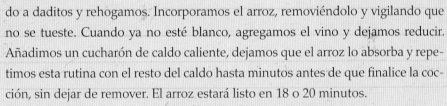

Nota

El *risotto* debe quedar sin líquido, pero cremoso, blando por fuera y un poco entero por dentro.

Cereales

Granos y semillas

Principal sustento nutritivo de la humanidad durante miles de años, en la actualidad los cereales siguen siendo la base alimentaria en todo el mundo y es la **principal fuente de energía** en la **dieta vegana.** Los cereales –plantas de la familia de las gramíneas– se caracterizan porque sus frutos maduros, sanos y secos, son granos comestibles a la vez que semillas y como tales contienen todos los nutrientes que el embrión de la planta necesita para crecer. Al almidón que almacena la semilla para su crecimiento deben los cereales su extraordinaria riqueza en **hidratos de carbono,** pura energía. Son ricos en **vitaminas, minerales** y **fibra soluble,** sobre todo los que son integrales. Poseen **proteínas** de alta calidad que, si bien son incompletas, cuando los cereales se consumen con legumbres, ambos se complementan, consiguiéndose proteínas con todos los aminoácidos esenciales.

Si se **toman integrales,** además de la energía de los hidratos de carbono contenida en el **endospermo** (lo único que queda en los productos refinados) el organismo se beneficia del **germen** (que contiene vitamina B, minerales, grasas insaturadas y la mayor parte de las proteínas) y del **salvado** (rico en fibra).

Maíz, arroz y trigo, seguido de cebada, encabezan la lista de cereales más cultivados por la humanidad, si bien el arroz destaca como rey de reyes al ser el único que destina la práctica totalidad de su producción al consumo directo humano y no animal o industrial. El sorgo, la avena, el mijo, el centeno e, incluso el teff, aunque no tienen una presencia tan universal en las mesas, sí que arrastran una importante tradición histórica y están consiguiendo traspasar fronteras entre quienes se preocupan por una alimentación más completa, variada y saludable.

Existen otras plantas, como el alforfón o trigo sarraceno, el amaranto y la quinoa, que si bien botánicamente no son cereales, se les considera como tales desde el punto de vista alimenticio y se les da, en general, los mismos usos culinarios.

En la actualidad, podemos encontrar en el mercado productos elaborados como galletas, cereales del desayuno, snacks, golosinas, panes, «leches», postres, siropes… Pero en sus países de origen, todas estas variedades tienen una larga tradición de consumo, ya sea utilizando **la semilla directamente como grano** (remojado, germinado, fermentado, sometido a cocción, tostado, malteado, inflado…) o **convirtiéndola en harina.**

Se han preparado panes, tortas, gachas, papillas infantiles, pastas alimenticias, y miles de platos salados o dulces. Y aunque de todas estas gramíneas únicamente el trigo y el centeno poseen propiedades panificables, casi todos los pueblos tienen algún pan típico, una masa o gachas, cuyo ingrediente principal es el cereal (o pseudocereal) tradicional de su zona y cultura.

Al consumir los cereales sin refinar, se contribuye a regular los niveles de colesterol y glucosa, que se digiere más gradualmente.

Alforfón o trigo sarraceno

Conocido también como trigo negro, este pseudocereal es rico en fibra, silicio y vitaminas E y B, tiene más calcio que el trigo, varios aminoácidos esenciales y propiedades muy alcalinas. Es astringente, **carece de gluten** y contiene el doble de aceite que la mayoría de los cereales, lo que hace más delicada la conservación.

Los granos de alforfón se utilizan crudos, tostados, enteros, partidos, en forma de **copos o harina.** En cocina se emplean como los cereales clásicos y se sirven en gachas, ensaladas, guisos o como guarnición. Con los copos se elaboran polentas o muesli. La harina de alforfón se emplea en numerosas preparaciones sola o en compañía de harina de trigo o maíz. A la hora de hacer pan, la harina de alforfón suele mezclarse en una pequeña proporción (un 10% del total de ingredientes) con otras harinas que sí tengan gluten para obtener así panes levados a los que aporta su peculiar aroma, sabor y textura.

Amaranto

Esta semilla diminuta –que tampoco es un auténtico cereal– contiene calcio y magnesio (útiles para prevenir la osteoporosis), hierro, fósforo, ácidos grasos esenciales

Curiosidad

Con alforfón se elabora la tradicional crepe bretona, conocida como *galette,* la polenta oscura del norte de Italia o los tallarines japoneses (*soba*). También se encuentra en otras muchas preparaciones como los italianos *pizzocheri,* los *blinis* rusos, los *chapatis* hindúes, etc.

Al combinar harina de amaranto con otra harina que tenga gluten, se hace un pan muy esponjoso, pero con las proteínas del amaranto.

(omega 3 y omega 6), vitaminas del grupo B (tiamina, ácido fólico) y fibra. Carece de gluten y cuenta con carbohidratos fáciles de digerir ideales para los deportistas. Sus cualidades nutritivas lo convierten en un alimento muy recomendable para niños, ancianos, embarazadas, deportistas y en casos de anemia y desnutrición.

- SUS SEMILLAS (GRANOS). Se consumen **enteras o molidas** y se emplean en desayunos, papillas, sopas y bebidas refrescantes; los granos, una vez tostados y **reventados**, se mezclan con miel, azúcar o chocolate y se les dan diferentes formas en moldes distintos. En México son las tradicionales «alegrías».

- LAS HOJAS TIERNAS DEL AMARANTO. Poseen un alto contenido en calcio, hierro (más que la espinaca), magnesio, fósforo y vitaminas A y C, lo que las convierte en un buen complemento de los granos. Se utilizan como las hortalizas de hoja (acelgas, espinacas…) y se recomienda cocerlas para evitar los oxalatos y nitritos.

- LA HARINA DE AMARANTO. Tiene los mismos usos que la del resto de cereales. Solo hay que tener en cuenta, a la hora de hacer panes, que carece de gluten, por lo que es mejor combinarla en una pequeña proporción (20%) con cereales que sí tengan.

Arroz

Existen miles de variedades de este cereal, pero básicamente, se distribuyen en tres grandes grupos: los arroces de **grano largo** (casi todos los arroces chinos e indios), los de **grano medio** (en la paella española y el *risotto* italiano) y los de **grano corto** (recomendados para el *sushi*).

Aunque es más saludable para el organismo, la conservación del arroz integral es más frágil, debido al aceite de su salvado y su germen.

Todo el arroz blanco y brillante que se comercializa ha pasado por un proceso de descascarillado y refinado que aporta estabilidad al grano y permite su buena conservación durante meses, pero le roba muchos nutrientes. Y es que es, precisamente, en la cáscara del arroz, el salvado, donde se concentran casi todas sus vitaminas, minerales y fibra. De ahí que el **arroz integral** (o moreno) sea mucho más nutritivo y beneficioso para el organismo.

El arroz es bajo en grasa, calorías y sodio, aporta proteínas –aunque carece de gluten–, contiene los ocho aminoácidos esenciales para el cuerpo humano y suministra al organismo una importante cantidad de hidratos de carbono complejos (70-80%). Es, además, una fuente importante de fibra (en el integral), de vitaminas B y E, magnesio, fósforo, cobre, cinc, potasio y silicio.

El arroz resulta fácil de digerir y es un buen calmante para la irritación intestinal, ya que equilibra el sistema digestivo a la vez que apacigua el sistema nervioso. Veamos algunas variedades.

- EL ARROZ ROJO O EL MORADO OSCURO, CASI NEGRO (ARROZ VENERE). Deben su tonalidad a la pigmentación del salvado,

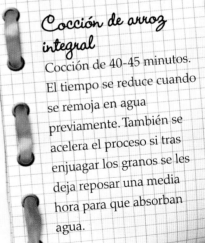

Cocción de arroz integral

Cocción de 40-45 minutos. El tiempo se reduce cuando se remoja en agua previamente. También se acelera el proceso si tras enjuagar los granos se les deja reposar una media hora para que absorban agua.

Todas las variedades de arroz (de grano corto, largo, aromáticos, etc.) también se comercializan en versión integral.

cuando se consumen tal cual –conservando su cáscara y todo su color–, ofrecen las ventajas de cualquier arroz integral frente al arroz blanco. Existen diversas variedades con tamaños y cualidades distintas a la hora de elaborarlos y se **cuecen** como el **arroz integral**.

- EL ARROZ VAPORIZADO. Se distingue por su color dorado y su sabor a nueces. Es un arroz que ha sido remojado, precocido y secado antes de proceder al descascarillado y pulido de los granos. Es un antiguo proceso que se lleva realizando en India y Pakistán hace más de dos mil años y que se conoce también como **sancochado**. Este proceso provoca que parte de las vitaminas del salvado y el germen pasen al grano, por lo que es más nutritivo que el blanco. Además, mantiene los granos sueltos y firmes tras las cocción (no se pasa, ni se pega), aunque tarda más tiempo en cocerse que el arroz blanco normal y absorbe peor los sabores de los ingredientes que le acompañan. No se debe confundir con los arroces de cocción rápida.

Curiosidad

La **harina** de arroz blanca se utiliza como espesante, para rebozados, elaborar fideos, pasteles o láminas de masa fina.

Para hacer panes, la masa no liga bien, por lo que para aumentar su capacidad de retención de humedad se suele mezclar con agua hirviendo (50 g de harina por 200 g de agua).

El agua de arroz es astringente y por tanto muy útil en casos de gastroenteritis, mientras que los copos se usan para papillas infantiles.

Cada región tiene una manera de **cocinar el arroz,** aunque básicamente los pasos a seguir son: lavar y remojar (para acelerar la cocción), cocer y dejar reposar. El arroz sobrante –o que al enfriarse se ha endurecido– se recupera recalentándolo con un poco de agua o empleándolo como ingrediente de otras elaboraciones (croquetas, tortillas, pasteles salados, etc.). Una vez cocido, el arroz es terreno abonado para la proliferación de bacterias si se deja a temperatura ambiente. Para evitar cualquier tipo de intoxicación debe consumirse de inmediato o refrigerarse, salvo que haya sido bañado en azúcar, vinagre, limón u otro ingrediente que impida a las bacterias multiplicarse.

La versatilidad del arroz avala su presencia en todo tipo de cocinas y dietas: **el grano** se utiliza en una gran diversidad de platos salados o como acompañamiento y también en dulces, en ensaladas, como bebida alcohólica (sakes) o sin alcohol (el **agua de arroz,** o la «**leche**» **de arroz**), en **copos,** etc.

Agua de arroz

Se prepara añadiendo dos cucharadas de arroz blanco a un litro de agua hirviendo. Se cuece hasta que los granos se deshacen, se deja enfriar y por fin se cuela. Se aromatiza con un palito de canela, corteza de limón o solo con unas gotas de jugo de limón.

Arroz salvaje

Aunque recibe este nombre, no es propiamente arroz, sino una hierba lacustre propia de los Grandes Lagos de Norteamérica consumida por los indios durante siglos. Tiene casi el doble de proteínas que el arroz integral, es rico en fibra e hidratos de carbono (casi un 75%) y su peculiar y agradable sabor anuezado lo convierten en un buen acompañante junto con el arroz o en su sustitución.

En las dietas de adelgazamiento son muy populares las galletas de avena, por su gran poder saciante y su baja carga calórica.

Avena

Este cereal de fácil asimilación es uno de los más completos, ya que, además de su riqueza en hidratos de carbono, aporta más proteínas, grasas, fibra y vitaminas del grupo B que el resto. Fuente de energía y vitalidad, la avena calma los nervios y se recomienda en casos de hiperactividad, ansiedad o insomnio. Estimula la libido y el funcionamiento de la tiroides –actúa como regulador metabólico–, protege el intestino y enriquece su flora, aliviando el estreñimiento (decocción del grano integral) y la diarrea (decocción del grano sin cáscara). Se recomienda su consumo a niños, embarazadas, deportistas, a quienes siguen una dieta de adelgazamiento y, en general, a quienes quieran disfrutar de sus incontables beneficios para la salud.

- GRANOS DE AVENA. Son bombas nutritivas en cualquier ensalada, con la sopa, la crema, en bocadillos, platos de pasta, etc. **Los granos enteros** integrales se preparan como los de

Muesli básico

1. Dejamos en remojo la víspera una cucharada sopera de copos de avena en tres de agua.
2. Los escurrimos por la mañana y mezclamos bien con una cucharada de zumo de un limón recién exprimido, media manzana rallada y tres cucharadas de yogur natural. Se añaden pasas, frutos secos, etc.

La harina de avena aporta un sabor muy suave y especial a los panes y por eso se suele combinar con los copos.

cualquier otro cereal tras un remojo previo. Si, una vez escurridos, los salteamos antes de cocerlos hasta que se doren y luego añadimos el agua, tendrán un sabor más marcado. También podemos encontrar los **granos de avena triturados** en diversos grosores o en forma de **copos de avena** para hacer cremas, sopas, croquetas, albóndigas, distintos tipos de rellenos (empanadillas, lasaña, hortalizas…) y su sabor dulce hace que resulten perfectos en pasteles, galletas, flanes, bollería e incluso se añaden a los panes. Los copos de avena, tan útiles en la cocina, son el ingrediente básico del típico desayuno escocés llamado *porridge* –gachas de avena cocidas con leche o agua– y también del muesli más clásico.

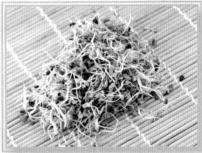

- LA LECHE DE AVENA. Es casera y se elabora a partir de los granos enteros remojados previamente (también se hace con granos germinados) o utilizando los copos. Se le da casi los mismos usos que a la leche de vaca (salvo yogures caseros).

- LA HARINA DE AVENA. Se usa mezclada con la de trigo para elaborar todo tipo de masas dulces o saladas, rebozados o salsas tipo besamel.

Curiosidad

De la avena se comercializa también el **salvado**. La cobertura que pierde el grano tras el proceso de refinado, y que es donde se hallan una importante parte de nutrientes y la fibra. Se suele añadir a sopas, yogures y otro tipo de platos y apenas se nota, ya que casi no tiene sabor y su textura es suave.

La cebada es el quinto cereal más cultivado del mundo y sus usos alimenticios abarcan tanto el consumo humano como el animal.

Cebada

Refrescante, estimulante, expectorante y diurética, la cebada se recomienda en casos de colesterol alto, infecciones urinarias, cistitis y para hidratar el organismo. Tiene propiedades digestivas, es laxante (la fibra de la cebada integral) a la vez que antidiarreica (tostando los granos antes de cocerlos) y actúa como estimulante del sistema nervioso y digestivo.

- El AGUA DE CEBADA. Es la precursora de la horchata de chufa y se ha utilizado desde antiguo en estados febriles, para quitar la sed, como remineralizante y en casos de cansancio intelectual.

- El GRANO. Se emplea en guisos, sopas, ensaladas o menestras con los mismos usos que al arroz o la pasta. También se elaboran **copos** para el desayuno y, con los granos germinados y secados al horno, se obtiene la **malta,** en forma de jarabe o polvo seco, que se utiliza como base en la elaboración de bebidas alcohólicas (cerveza, ginebra, whisky) y como infusión, preparándola

Agua de cebada

Lavamos bajo el grifo 100 g de granos de cebada. Los llevamos a ebullición en 1 l de agua y cocemos a fuego lento hasta que estén tiernos. Colamos el agua, endulzamos y la servimos bien fría. Aromatizamos con canela y limón.

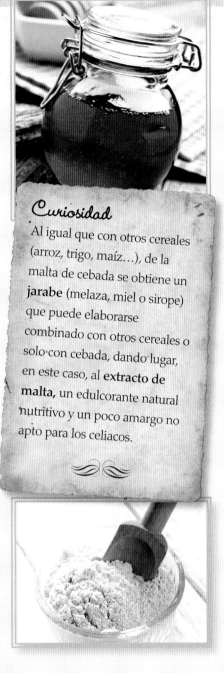

Ya griegos y romanos utilizaban la cebada para hacer pan y, de hecho, era la base de la dieta de los gladiadores.

de la misma forma que el café. En pequeñas dosis, la harina de malta se añade a la masa para realzar el sabor, el color y la textura de los panes.

- LA CEBADA PERLADA. Ha perdido el salvado y el germen en un proceso de refinado que le ha robado, por lo tanto, gran parte de sus nutrientes y sabor, por lo que siempre es mejor utilizar la **avena mondada** que ha sufrido un descascarillado simple.

- LA HARINA DE CEBADA. Absorbe el doble de agua que la de trigo y, aunque, al igual que esta, tiene gluten, a la hora de elaborar **panes,** los de cebada no suelen subir igual, por lo que, generalmente, se combinan ambos cereales.

Centeno

Muy resistente al frío, el centeno es un cereal cuyo cultivo y consumo es habitual en las tierras frías del norte de Europa y Asia, aunque cada vez es más popular en el resto del mundo. Contiene proteínas, vitaminas del grupo B y E, hierro, magnesio, fósforo, potasio, selenio, cinc y otros oligoelementos. Su consumo se recomienda en problemas circulatorios, de estreñimiento, diabetes, colesterol alto y obesidad. Los panes de centeno son muy útiles en dietas de adelgazamiento.

Curiosidad

Al igual que con otros cereales (arroz, trigo, maíz…), de la malta de cebada se obtiene un **jarabe** (melaza, miel o sirope) que puede elaborarse combinado con otros cereales o solo con cebada, dando lugar, en este caso, al **extracto de malta,** un edulcorante natural nutritivo y un poco amargo no apto para los celiacos.

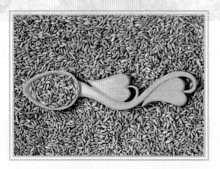

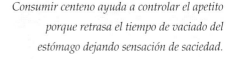

Consumir centeno ayuda a controlar el apetito porque retrasa el tiempo de vaciado del estómago dejando sensación de saciedad.

- EL GRANO. Bien lavado, remojado (mejor si germina y tiene brotes de dos o tres días) y cocido se incluye en **panes, ensaladas, arroces, hamburguesas vegetales, rellenos,** etc. Se emplea, tras tostarlo y molerlo, como **sucedáneo del café** y con él se elaboran también **bebidas alcohólicas** (como aguardiente, cerveza, whisky y vodka).

- LA HARINA DE CENTENO. Es la más utilizada después de la de trigo en la **panificación,** si bien se suelen mezclar ambas para darle al pan volumen y esponjosidad, ya que las de centeno tienen menos gluten (proteína) y responden peor a la acción de la levadura, si bien se pueden hacer panes leudados solo con su harina. Los panes de centeno –con un ligero toque amargo y una gran riqueza de matices– son más oscuros, compactos y planos que los de trigo, se digieren mejor, provocan menos reacciones alérgicas y duran frescos mucho más tiempo.

Cocción del centeno

Se lavan los granos de centeno cambiando el agua tres veces y se dejan en remojo 12 horas. Se cuecen (tres tazas de agua por una de granos de centeno) a fuego medio durante una hora. Se puede añadir a ensaladas y salteados.

- LOS COPOS DE CENTENO. Se elaboran a partir de la harina gruesa de centeno cocida al vapor y prensada o a través de los granos machacados y tostados. Se emplean en mueslis, platos salados, dulces, sopas, etc.

El maíz se cultiva en América desde hace 10.000 años y hoy es un alimento básico en muchos países del mundo.

Maíz

No contiene gluten, aporta hierro, vitaminas del grupo B y tiene la particularidad de ser el único cereal que contiene dosis significativas de betacaroteno, si bien sus proteínas, aunque abundantes, son de baja calidad, por lo que se recomienda emplearlo como alimento complementario y acompañarlo con verduras y legumbres.

- RECIÉN COSECHADO, SUS GRANOS FRESCOS. Proporcionan vitamina C (que desaparece al envasarlo o secarlo) y resultan más digestivos. Los granos húmedos se emplean también para hacer las tortillas mexicanas, tamales y chips tras cocerlos en agua con una proporción de cal (nixtamalización). Los granos nixtamalizados se usan después

  enteros o se muelen para obtener harina de maíz, muy versátil también en la cocina como base de panes, tortillas y otros alimentos.

- DEL GRANO DE MAÍZ GERMINADO SE OBTIENE –TRAS SECARSE– UN ACEITE. Este aceite es rico en vitamina E y ácido linoléico (omega 6) que se consume crudo o cocinado y cuyas bondades son mayores cuando se extrae por presión en frío del germen.

- CON LOS GRANOS SECOS Y ENTEROS. Se hacen las palomitas de maíz, y con granos **secos molidos** se hacen las **sémolas** (como la polenta italiana), **la harina gruesa** (que es más fina que la sémola) y la **harina fina.** Todas pueden ser integrales o refinadas.

El mijo, muy consumido en época precolombina, fue desplazado poco a poco como base alimenticia por la patata.

Mijo

Tiene un alto contenido en proteínas, carece de gluten y es más nutritivo, energético y rico en sales minerales que muchos de los cereales más populares. La extraordinaria riqueza en hierro de sus pequeños granos lo hace recomendable en casos de fatiga intelectual, astenia, depresión, menstruaciones abundantes y anemia. Su sabor es dulce, su digestión fácil, resulta ligero, alcalinizante y tiene un efecto calmante para el aparato digestivo, por lo que es recomendable en la dieta de todo tipo de personas. Fácil de cocinar y de **cocción** rápida, el mijo es un perfecto sustituto del arroz y las pastas de trigo. Puede servirse en salsas, ensaladas, rellenos… e, incluso, incorporarlo cocinado al pan. Se obtiene una estupenda **harina** casera moliendo los granos secos sin tostar o tostados (aportan más sabor).

Cocción del mijo: antes de cocer el grano hay que lavarlo y escurrirlo. Se saltea sin apenas aceite y cuando desprende un cierto aroma a nuez, se le añade el doble de agua. Se cuece tapado, a fuego lento, hasta que esté esponjoso, destapándolo poco antes de acabar para que se evapore el líquido.

Cocción de la quinoa

Los **granos** de quinoa se **cocinan** en 15-20 minutos (tres partes de agua o caldo por una de granos) y si se saltean previamente –sin apenas aceite– su sabor se intensifica. Al hervirlos puede aparecer algo de **espuma,** se debe a las saponinas que le confieren un sabor amargo y que pueden ser tóxicas. Casi toda la quinoa que se comercializa es sometida a un tratamiento previo que reduce los índices de saponinas; así que, antes de cocinar los granos, es mejor lavarlos y frotarlos bien bajo el grifo (no conviene dejarlos en remojo).

La quinoa carece de gluten y puede servir como base de platos dulces y salados sustituyendo al arroz y al cuscús.

Quinoa

Es uno de los pocos alimentos vegetales que contiene todos los aminoácidos esenciales que necesita el organismo (entre ellos arginina e histidina, que son muy apropiados para la alimentación infantil). Este pseudocereal, que pertenece a la misma familia que la espinaca y la remolacha, no solo supera a los cereales en nutrientes, sino que tiene un perfecta proporción entre todos ellos.

- LOS GRANOS HINCHADOS. Se usan en el cereal del desayuno y para hacer palomitas.

- LA HARINA de quinoa se emplea para enriquecer los platos y en galletas, crepes o panes combinada con harinas con gluten.

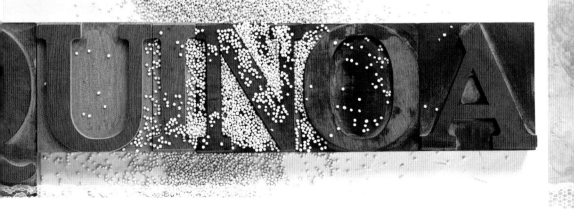

El sorgo supone una importante fuente de alimento en África, Centroamérica y Asia meridional.

Sorgo

Sus semillas, de bajo contenido en proteínas y grasas y ricas en fibra y minerales, pueden cocinarse como el arroz y con ellas, en sus distintas formas, lo mismo se hace cuscús que gachas, palomitas, panes planos, galletas o cervezas.

- GRANOS. No se deben consumir los **granos** de sorgo germinados, ya que las raicillas y los brotes contienen cianuro. En África –donde también es habitual fermentarlo antes de comerlo– se utiliza tradicionalmente el sorgo malteado (que requiere germinación del grano) y siempre se quitan las partes tóxicas.

- LA HARINA DE SORGO es como una harina de trigo floja. Se emplea sola para masas planas y mezclada con la de trigo para conseguir más volumen, pudiéndose obtener panes variados simplemente modificando las diferentes proporciones de ambas harinas.

Teff

Sus pequeñas **semillas,** carentes de gluten, contienen elevadas cantidades de hierro, proteínas y fibra, además, de incluir los ocho aminoácidos esenciales necesarios para el correcto funcionamiento del organismo.

Habitualmente **se cuecen o fermentan** y también se hace con ellas una **harina** muy utilizada en gachas y, sobre todo, en la elaboración de un pan oscuro, plano, esponjoso y con un cierto toque ácido, llamado *injera*.

El teff es el principal cultivo de Etiopía desde hace milenios, aunque hoy se cultiva en otros lugares, ya que se adapta al terreno y crece muy deprisa.

Trigo

Contiene una porción valiosa de proteínas y es rico en hidratos de carbono complejos, vitaminas, minerales y oligoelementos, además de aportar fibra insoluble (el integral) que ayuda a evitar el estreñimiento. Tiene un efecto tranquilizante sobre el organismo, ayuda a reducir las inflamaciones, previene el cáncer de colon y es remineralizante y revitalizante. Todos estos beneficios se dan siempre que se consuma trigo completo; el refinado pierde la fibra y parte de las vitaminas y los minerales que se concentran en el germen. De hecho, **el salvado,** el **germen de trigo** y el **aceite de germen de trigo** se comercializan por separado.

- EL GRANO. Aparte de consumirlo **entero y cocido** en elaboraciones de sopas y consomés, se consume **germinado,** incluyendo sus **brotes** en diferentes preparaciones (ensaladas, rellenos, panes…) o prolongando la germinación hasta obtener hierba. La **hierba de trigo** podemos tomarla como los germinados, acompañando ensaladas u otros platos, o elaborar un extraordinario jugo que aporta

las cualidades nutricionales del trigo, multiplicadas por el germinado.

> **Curiosidad**
>
> El **bulgur** es trigo duro que se ha germinado ligeramente, precocido al vapor y secado al sol, triturado y tamizado. Es la versión en trigo del arroz vaporizado.

- EL CUSCÚS (COUS-COUS). Son unos granos de sémola de trigo duro que se cocinan al vapor. Aunque es el ingrediente emblemático de la cocina del norte de África, se comercializa hoy por todo el mundo y es fácil adquirirlo. Podemos encontrarlo refinado, integral y precocido (lo más habitual).

- LA HARINA DE TRIGO. Es la más utilizada en panificación debido a la cantidad y, sobre todo, la calidad de sus proteínas. Al trabajar la masa, la proteína (una parte) se transforma en gluten, una sustancia que confiere firmeza y elasticidad a la masa. Esta proteína se extrae para obtener el **seitán**, gluten puro, proteína pura, tan importante nutritiva y culinariamente en las mesas veganas. También podemos adquirir el **gluten en polvo** en las tiendas de productos ecológicos.

La espelta fue durante siglos la base de la alimentación humana y se considera el origen de todas las variedades de trigo actuales.

La harina de trigo se comercializa con diferentes clasificaciones, pero en definitiva se trata de identificar las harinas más adecuadas para cada elaboración; por ejemplo, las harinas de fuerza (con más gluten) sirven para masas que llevan levadura de panadería y panes enriquecidos. Las de media fuerza son las tradicionales del pan y las harinas normales o flojas lo son en pastelería y con levaduras químicas.

- ESPELTA. Conocida también como **escanda, trigo verde o trigo salvaje,** la popularidad de la espelta crece debido a que el organismo la tolera mejor que al trigo común al no haber sufrido apenas modificación genética. Por otra parte, su cultivo ecológico es muy fácil gracias a la dureza de su cáscara, que protege el grano de insectos y contaminantes. Baja en grasas saturadas, es rica en minerales, vitaminas y posee más proteínas que el trigo. La escanda puede **sustituir al trigo** en cualquier receta y en cualquiera de sus formas (grano, copos, harina…).

Kamut (trigo khorasan) o trigo persa

Kamut es la marca registrada con la que se comercializa la mayor parte de la producción de trigo khorasan ecológico. Su cultivo moderno procede, según relata la empresa, de semillas obtenidas en Egipto en 1949. Con granos el doble de largos que los del trigo común, supera a este nutricionalmente (más proteínas, minerales, niacina y vitamina E) aportando además un particular sabor dulce. Se emplea de la misma forma que el trigo común (absorbe más agua y los panes levan más rápido).

«Risotto» de arroz negro
con alcachofas asadas

Ingredientes

• 250 g de arroz negro (venere) • Un puerro •
Una cebolla • Aceite de oliva • Sal marina •
160 ml de vino blanco seco • 1 l de agua
caliente (o caldo vegetal) • 4 alcachofas
frescas • ½ limón • Sal Maldon u otra similar

Preparación

En un recipiente con abundante agua lavamos el arroz, revolviendo con la mano. Vaciamos y repetimos con agua limpia hasta que
quede clara. Enjuagamos el arroz bajo el grifo y dejamos en remojo toda la noche.

Pelamos y cortamos fino el puerro y la cebolla. Salamos y pochamos lento hasta que
la cebolla se transparente. Añadimos el
arroz escurrido, subimos un poco el fuego y
salteamos removiendo. Vertemos el vino y,
cuando reduzca, añadimos un par de ca-
zos de caldo (caliente). Removemos y bajamos el fuego. Dejamos que el arroz absorba casi todo el caldo antes de añadir

Nota
El tiempo de cocinado del arroz
depende de si es o no integral y de
si ha estado en remojo o no, de
manera que puede fluctuar entre 20
y 40 minutos.

más. Añadimos el restante, igual, a cucharones, mo-
viendo de vez en cuando, hasta que el arroz esté listo. Lo mejor es pro-
bar el *risotto* cuando se vea cremoso. Mientras se hace el arroz, cortamos el pie a las
alcachofas, quitamos las hojas duras, cortamos las puntas y la frotamos entera con
medio limón. Enjuagamos, secamos y cortamos cada una en cuatro rodajas. Las doramos por las dos caras en la plancha con un chorrito de aceite. Apartamos, añadimos la sal Maldon y colocamos en cada plato sobre el *risotto*.

Sopa de verduras
con cebada

Ingredientes

- 2 y ½ l de agua • 2 cebollas • 2 zanahorias • Una rama de apio • 3 dientes de ajo
- Jengibre fresco • Una hoja de laurel • Un manojo de perejil • Sal marina • 100 g
de granos de cebada • Aceite de oliva • 2 puerros • 100 g de coles de Bruselas • Un
puñado de guisantes • Una patata pequeña

Preparación

Limpiamos toda la verdura. Vertemos el agua en una olla y añadimos una cebolla pelada y partida por la mitad, una zanahoria, la hoja del apio, dos dientes de ajo, el jengibre, el laurel, una parte del perejil y un poco de sal. Hervimos este caldo 15 minutos y añadimos la cebada. Tras media hora de cocción de la cebada, sofreímos en una sartén la otra cebolla, el diente de ajo y los puerros, todo muy picado. Salamos y cuando la cebolla se transparente, añadimos el tallo de apio y la otra zanahoria, las coles de Bruselas y los guisantes. Saltemos removiendo.

Volcamos en la olla el contenido de la sartén. Añadimos la patata pelada y cortada a daditos y el perejil restante. Rectificamos de sal y cocemos a fuego lento hasta que la cebada y la verdura estén tiernas (15-20 minutos).

Nota

Los granos de cebada deben lavarse y dejarse en remojo la noche anterior. Por la mañana los enjuagamos, los escurrimos y reservamos.

Pan de molde de centeno y trigo
con copos de avena

Ingredientes

• 200 g de harina de fuerza • 200 g de harina integral de trigo • 100 g de harina de centeno • 10 g de levadura fresca • 360 g de agua tibia • 10 g de sal • Aceite de oliva • Copos de avena

Preparación

Mezclamos las harinas en un cuenco y desmigamos la levadura. Añadimos el agua y removemos bien. Tapamos con film y esperamos 20 minutos. Espolvoreamos la sal y trabajamos la masa en el cuenco hasta que se despegue de las paredes. Volcamos sobre la encimera y amasamos. Cuando quede suave y flexible, hacemos una bola con ella. Aceitamos un cuenco limpio y seco. Colocamos la masa y la volteamos para que se engrase. Tapamos con film, la colocamos en un lugar cálido y esperamos a que casi doble su volumen.

Untamos el molde con aceite de oliva. Enharinamos la mesa, volcamos la masa, le damos unos ligeros golpecitos para desgasificarla y dejamos que repose unos minutos. Le damos forma alargada y con la longitud del molde, la rebozamos con algunos copos de avena y la colocamos dentro del molde. Cubrimos de nuevo con film transparente y esperamos una hora.

Precalentamos el horno a 250 °C. Antes de hornear, pintamos la superficie con agua y esparcimos copos de avena por encima. Horneamos 10 minutos a 250 °C y otros 20-25 a 220 °C. Desmoldamos el pan sobre una rejilla y dejamos enfriar.

Bolitas de mijo
y espinacas

Ingredientes

• 50 g de mijo • Una cebolla mediana • Aceite de oliva • Sal marina fina • Una hoja de laurel • Una cucharada de perejil fresco muy picado • 150 g de hojas de espinacas frescas • Una cucharadita de pipas de girasol crudas • 2 dientes de ajo • Pan rallado grueso

Preparación

Lavamos el mijo, escurrimos y reservamos. Picamos la cebolla a daditos y la doramos con aceite y sal durante 10 minutos a fuego lento. Incorporamos el mijo y la hoja de laurel, salteamos un par de minutos, añadimos el doble de agua y llevamos a ebullición. Bajamos el fuego y lo cocemos tapado 30 minutos. Escurrimos el mijo, lo mezclamos con el perejil y reservamos.

Limpiamos las espinacas, secamos y cortamos en juliana. Salteamos las pipas y reservamos. Añadimos aceite y doramos los ajos. Incorporamos las espinacas y dejamos que reduzcan. Añadimos el mijo y las pipas, salpimentamos, mezclamos y dejamos reposar. Cuando no queme la masa, la volcamos a un cuenco y cuando se haya enfriado, hacemos bolitas. Si la masa ha quedado húmeda, añadimos una cucharadita de pan rallado grueso. Doramos las bolitas en aceite y dejamos escurrir.

Nota

Las bolitas se dejan reposar dos horas en el frigorífico antes de freír y pueden servirse con salsa o con ensalada.

Pizza huertana

Ingredientes

Masa: • 250 g de harina de fuerza • 7 g de levadura fresca • 25 g de aceite de oliva • 160 g de agua • 5 g de sal • Semolina o harina **Cobertura:** • 2 cucharadas de salsa de tomate casera • Un calabacín • Un pimiento rojo • Un pimiento amarillo • Aceite de oliva

Preparación

Mezclamos la harina con la levadura en un cuenco desmigándola. Incorporamos el aceite y el agua y mezclamos. Espolvoreamos la sal, y volcamos la masa sobre la mesa sin enharinar. Amasamos hasta que quede lisa y elástica. Formamos una bola, la aceitamos, tapamos con film y dejamos reposar una hora.

Enharinamos con semolina y estiramos la masa. Pincelamos con la salsa de tomate. Distribuimos por encima finas láminas de calabacín y trozos de pimiento. Salpimentamos, regamos con un hilillo de aceite y horneamos a 230 ºC entre 10 y 12 minutos.

Nota

En otras versiones de la pizza huertana se añade el tomate como ingrediente.

Ensalada de cuscús

Ingredientes

• Perejil, menta y cilantro fresco • 225 g de cuscús • Aceite de oliva • 50 g de uvas pasas • Tomatitos cherry • Un pepino • Una cebolleta • Sal marina • 2 limones • Comino

Preparación

Picamos muy finamente el perejil (doble cantidad que de cuscús), menta fresca en abundancia y un par de hojitas de cilantro. Reservamos. Cocemos el cuscús (mejor al vapor), le añadimos un chorrito de aceite, lo movemos con un tenedor para que se suelte y dejamos entibiar.

Colocamos el cuscús precocido en un cuenco junto con las pasas para que se hidraten también. Lavamos los tomates, los secamos y cortamos a daditos (salvo algunas mitades que podemos dejar para decorar). Los añadimos, con todo su jugo, al cuscús. Incorporamos el pepino cortado a daditos también (limpio y pelado con parte de la piel), la cebolleta picada muy menuda, el perejil, la menta y el cilantro. Salamos, regamos con aceite de oliva y el zumo de los limones recién exprimidos. Removemos bien con un tenedor. Cubrimos con film transparente y dejamos en el frigorífico hasta que el cuscús esté blando (un par de horas).

Rectificamos de aceite y sal –si es necesario–, espolvoreamos comino recién molido, removemos con el tenedor y servimos frío.

Nota

Si el cuscús es precocido, lo hidratamos siguiendo las instrucciones o bien dejamos macerar con los ingredientes para que se vaya hidratando poco a poco.

Muffins de espelta
y lavanda

Ingredientes

• 3 cucharaditas de flores de lavanda • 150 g de leche de avena • 250 g de harina de espelta • 6 g de levadura en polvo • 3 g de bicarbonato sódico • 150 g de azúcar • Sal marina fina • 40 g de semillas de amapola • 100 g de aceite de girasol • 2 manzanas maduras ralladas • El zumo de un limón • Una cucharada de sirope de ágave

Nota

Una presentación más decorada se consigue espolvoreando los muffins con azúcar glas y colocando unos ramilletes de lavanda silvestre en el plato o la bandeja.

Preparación

La noche anterior ponemos en remojo las flores de lavanda (limpias, secas y picadas) en la leche de avena, tapamos con film transparente y dejamos en el frigorífico. Al día siguiente colamos la leche y la reservamos.

Precalentamos el horno a 220 °C, encendido arriba y abajo. Tamizamos la harina en un cuenco y mezclamos con la levadura, el bicarbonato, el azúcar, una pizca de sal y las semillas de amapola. En un recipiente aparte juntamos el aceite con las manzanas, el zumo de limón, el sirope de ágave y la leche de avena y batimos.

Volcamos poco a poco el cuenco de la harina en el recipiente de los líquidos removiendo bien, pero sin batir en exceso. Debe quedar una masa fina y homogénea. Vertemos la mezcla en cada molde hasta cubrir las tres cuartas partes (o algo menos) y horneamos, a 180 °C unos 20 minutos. Lo mejor es pinchar los muffins con una aguja fina para comprobar si están cocidos o no. Si sale limpia, los sacamos y dejamos enfriar sobre una rejilla.

Macarrones de Kamut
con flores de calabacín

Ingredientes

• 4 o 5 flores de calabacín • 200 g de
macarrones de Kamut • 3 tomates secos
• Aceite de oliva • Una cebolleta • ½
calabacín • Sal marina • 3 tomates frescos
(tipo pera) • Orégano seco • ½ vaso de
vino blanco • Albahaca fresca

Preparación

Se preparan las flores como se indica en la
nota. Cocemos la pasta en agua incorpo-
rándole los tomates secos muy picados
para que se hidraten. Mientras, calentamos
aceite en una sartén, añadimos la cebolleta
picada y el calabacín limpio y cortado a daditos. Salamos y dejamos casi caramelizar a
fuego lento. Cortamos los tomates en daditos e incorporamos a la sartén junto con el
orégano. Subimos el fuego. Regamos con el
vino y dejamos a fuego medio que se evapore el alcohol. Picamos la albahaca y la esparcimos por encima sin remover.

Cortamos las puntas de las flores y seguimos
con el resto en tiras. Escurrimos la pasta junto
con el tomate rehidratado, mezclamos con la salsa y
removemos. Incorporamos las tiras de flores. Dejamos
unos segundos que se mezclen los sabores removiendo
con suavidad. Apagamos el fuego, añadimos las puntas
de las flores, mezclamos con cuidado y servimos.

Nota

Para preparar las flores,
cortamos los tallos y
quitamos el pistilo.
Cortamos por la mitad y
se lavan en agua fría,
escurriendo en papel
absorbente.

Legumbres

Las proteínas vegetales

Las legumbres son plantas (*leguminosas*) cuyo fruto consiste en una vaina con semillas dentro que, salvo excepciones, se consumen secas y que constituyen, junto con los cereales, el aliado imprescindible de la cocina vegana.

Destacan por su riqueza en **hidratos de carbono** complejos, de lenta asimilación, que proporcionan energía de forma gradual y continuada, sin provocar altibajos de glucosa. Las pocas **grasas** que contienen son insaturadas y la cantidad y calidad de su **fibra** evita el estreñimiento, impide la absorción de azúcares y tiene efecto saciante. Reducen el colesterol, resultan muy útiles en enfermedades cardiovasculares y son una importante –y económica– fuente de **proteínas vegetales** si bien incompletas (salvo la soja) al carecer de algunos aminoácidos esenciales. Esta carencia se subsana combinando las legumbres **con cereales integrales.**

Todas las legumbres contienen almidón o aceite (soja y cacahuete), varias vitaminas del grupo B, ácido fólico y abundante **hierro**. Para asimilar mejor este último se recomienda tomarlas con alimentos que posean vitamina C (tomate, pimiento, repollo, perejil, espinacas…) que ayudan a aumentar su absorción. Lo ideal es consumir una ración de legumbres (70-100 g pesadas crudas) de dos a cuatro veces a la semana.

Las **legumbres germinadas,** habituales en la cocina asiática, resultan mejor toleradas por los estómagos delicados. Los brotes se cocinan muy poco o nada para aprovechar al máximo sus propiedades y no afectar la suavidad de su sabor o su peculiar textura. Deben ser absolutamente frescas y hay que conocer bien su procedencia para evitar cualquier riesgo de intoxicación.

No se deben comer **crudas,** ya que al organismo le resulta imposible digerir algunos de sus componentes, que pueden resultar incluso tóxicos en ciertas variedades sin remojo y cocción.

*Aunque al añadir sal o bicarbonato al remojo
las legumbres se cocinan más deprisa, no debe
hacerse, porque mengua su calidad.*

El **remojo** en agua (10-12 horas) reduce el prolongado tiempo de **cocción** que requieren la mayoría de las legumbres para ablandarlas y hacerlas digestivas, además de liberarlas de algunas sustancias perjudiciales. Si queremos que estén cremosas, es mejor no añadir a esta agua ni sal (resultarían más harinosas) ni bicarbonato (dejaría en la boca una sensación jabonosa).

Es recomendable lavarlas antes de ponerlas en remojo con agua fría (caliente, en el caso de los garbanzos) y procurar no mantenerlas así más de 12 horas. Cuando requieren dejarlas más tiempo (nunca deben superar las 24 horas) hay que cambiarles el agua. **Si escaldamos** las legumbres en agua hirviendo un minuto y medio, el **tiempo de remojo se reduce** a, como máximo, cuatro horas. Tras estar en agua el tiempo necesario, se escurren con un colador enjuagándolas bajo el grifo.

Cuando haya sobrado legumbre o se guarden para consumir en otro momento, hay que volver a hervirlas.

Cocinar las legumbres con un trocito de **alga** kombu ayuda a reblandecerlas acortando el tiempo de cocción, además de aportar sus múltiples nutrientes y hacerlas más digestivas y menos flatulentas. Esto último también podemos conseguirlo con un poquito de **hinojo, anís o comino.** También cuando se les tira el agua tras el primer hervido y se prosigue la cocción cubriéndolas de nuevo con agua fría limpia se digieren mejor y se reduce la flatulencia, si bien se pierden algunos nutrientes.

La **olla a presión** reduce bastante los tiempos de cocción, pudiendo bastar con diez minutos si las legumbres han sido remojadas previamente con sal, pero los mejores resultados se consiguen cocinándolas a fuego lento, a baja temperatura y salándolas al final de la cocción.

Si se utilizan legumbres **precocinadas** hay que enjuagarlas antes de utilizarlas y los tiempos de cocción y la técnica elegida deberá ser distinta para que no se deshagan.

Una vez cocinadas, si no se consumen de inmediato, deben refrigerarse o congelarse y no dejarlas a temperatura ambiente más de cuatro horas.

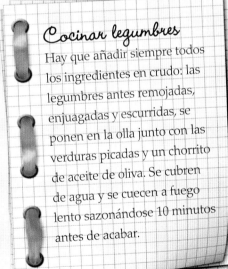

Cocinar legumbres

Hay que añadir siempre todos los ingredientes en crudo: las legumbres antes remojadas, enjuagadas y escurridas, se ponen en la olla junto con las verduras picadas y un chorrito de aceite de oliva. Se cubren de agua y se cuecen a fuego lento sazonándose 10 minutos antes de acabar.

Una legumbre aceitosa, como los cacahuetes, se puede tostar directamente, pero los garbanzos requieren remojo antes de tostarse.

Estamos ante un alimento mucho más **versátil en la cocina** de lo que a simple vista pueda parecer. Resultan deliciosas en **paté** (hummus); en un **puré** de verduras; como **guiso** vegetal o **guarnición;** en **ensalada, croquetas, hamburguesas vegetarianas;** incluso en **postres, helados,** o como saludables *snacks,* ya sean fritas o tostadas.

¿Frescas o secas?

Salvo las **habas, los guisantes y las vainas verdes de las alubias** (judías verdes) que se siguen comiendo **frescas** en temporada (o congeladas, al ser esta corta) el resto de las **legumbres** se suelen adquirir **secas.** El **momento ideal** para hacer la provisión anual es cuando salen al mercado los primeros granos secos, a principios de otoño.

Alfalfa

Sus múltiples propiedades nutritivas, su riqueza en aminoácidos, vitaminas y minerales la hacen muy valiosa para el **consumo humano,** ya que es diurética, antioxidante, estimula la producción de colágeno y se recomienda en trastornos hormonales y para combatir la anemia, la obesidad, los problemas digestivos y los de coagulación sanguínea.

- Las hojas verdes tiernas. Se comen como verdura.

- Las semillas. Se utilizan para elaborar harinas con las que se puede hacer pan.

- Germinadas. Suponen un importante aporte de proteínas de alta calidad biológica para dietas sin ingredientes animales.

Algarroba

Se emplea habitualmente en la industria farmacéutica, cosmética, textil y para elaborar numerosos productos no comestibles. De ella se obtiene la harina de garrofín, muy utilizada en la industria alimentaria siempre que se quiere espesar o gelificar un alimento e identificada como aditivo con la clave E410.

Recomendada en casos de anemia, se incluye en regímenes de adelgazamiento por su efecto saciante, siendo beneficiosa para la mucosa intestinal, además de incrementar la flora de lactobacilos y poder actuar como laxante suave y antidiarreica.

En el mercado la podemos encontrar en diferentes presentaciones para su consumo: **harina, semillas y troceado de la vaina** en distintos tamaños.

- LA HARINA DE ALGARROBA

  Es dulce, nutritiva, sin grasa y su sabor recuerda al del cacao. Se obtiene tostando las **semillas** y luego moliéndolas, y cuanto más se tuesten las semillas, menos dulce será la harina.

  Se emplea en bebidas tradicionales y como espesante o para elaborar panes y postres. Se diluye fácilmente en agua o leche y no precisa cocción ni endulzantes (contiene casi un 50% de azúcares). En sustitución del chocolate, se diluye en agua caliente y se le añade aceite para compensar su falta de grasa.

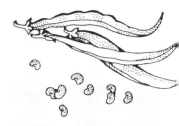

El altramuz es un aperitivo en salmuera típico de la zona mediterránea.

Altramuz

También llamado chocho, lupin o lupino, es rico en potasio y magnesio, posee ácidos grasos insaturados y es depurativo y antidiabético. Su aporte en fibra lo hace ideal para combatir el estreñimiento y para eliminar parásitos intestinales.

Aunque son plantas diferentes, en ocasiones se ha confundido al altramuz (diversas especies del género *Lupinus*) con la **almorta** (*Lathyrus sativus*), cuyos granos —enteros o en forma de harina— se utilizan también desde la Antigüedad, tanto en la alimentación del ganado como en la humana. Esta legumbre, de fácil arraigo y muy resistente a las inclemencias, contiene un aminoácido neurotóxico cuya acumulación en el organismo —consumiéndola como principal elemento de la dieta durante semanas o meses— provoca el latirismo, enfermedad que puede causar parálisis y muerte. Los expertos, sin embargo, consideran su consumo ocasional (tras el remojado) tan inocuo como el de cualquier otra legumbre.

Contiene en diferentes grados alcaloides amargos y tóxicos que ingeridos en exceso también pueden resultar nocivos y que desaparecen remojándolos en agua fría más o menos tiempo (según la variedad) e hirviéndolos después, sin tapar, hasta que se ablandan.

Alubia

De la planta de la alubia o judía común, se consumen tanto las **vainas verdes** a modo de verdura tierna, como las **semillas maduras y secas** (las judías secas), que son las que se conservan y consumen como legumbre. De estas últimas existen diferentes especies con variaciones en la forma, color, grosor, textura y tiempo de cocción (de una a tres

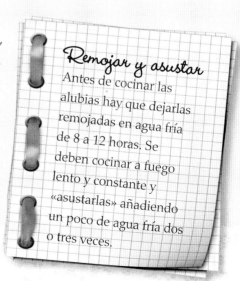

Remojar y asustar
Antes de cocinar las alubias hay que dejarlas remojadas en agua fría de 8 a 12 horas. Se deben cocinar a fuego lento y constante y «asustarlas» añadiendo un poco de agua fría dos o tres veces.

De origen centroamericano, las alubias forman parte de la dieta común en muchos países, como México, España, Perú, Ecuador, etc.

horas) y que reciben distintos nombres según la zona: frijoles, habichuelas, porotos, judías, habas, fabes, pochas…

Las judías blancas, de gran poder saciante, además de ser una valiosa fuente de nutrientes, proteínas y fibra, son, junto con los garbanzos, las legumbres más ricas en ácido fólico (vitamina B9) y una gran fuente de antioxidantes.

Cacahuete

Si bien se le considera un fruto seco, lo cierto es que es una legumbre emparentada con los guisantes, las lentejas o los garbanzos. Antioxidante, rico en proteínas y ácido fólico, altamente nutritivo, calórico y económico, su elevado contenido en **aceite** propició su temprano consumo como **aceite de cocina,** sobre todo en Asia, donde también es muy popular su **harina.**

Su carácter graso explica el éxito de la **mantequilla de cacahuete** (muy popular en Estados Unidos). Aunque crudos son uno de los alimentos más ricos en potasio, se digieren mejor tostados y lo ideal es consumirlos sin sal y combinados con fruta. Ya sea en forma de aceite, mantequilla o harina, hervidos o tostados, en puré o enteros, en ensaladas, sopas, salsas, estofados o en repostería, son una bomba energética cuyo consumo, aunque recomendable, debe ser moderado.

Fenogreco

De gran valor nutricional y muy rico en proteínas de fácil asimilación, se ha utilizado históricamente para proteger las mucosas digestivas, contra la inapetencia y como poderoso reconstituyente, además de para aumentar el tamaño de los senos y estimular la producción de leche en madres lactantes. En forma de bálsamo o cataplasma se emplea como antiinflamatorio para diversas afecciones cutáneas.

- SUS SEMILLAS. Son ricas en mucílagos, se añaden a las salsas para darles cremosidad y se usan como **especia** por sus cualidades aromáticas, formando parte de varias mezclas tradicionales, como algunos tipos de curry indios.

Fenogreco en la cocina

· Se emplea mucho desecado y antes de usarlo, para suavizar su amargor y tras remojarlo, suele tostarse ligeramente (el exceso acentuaría el amargor) pudiéndose consumir entero, salteado con aceite como un aderezo para acompañar a verduras o ensaladas, y por supuesto, molido, cocido al vapor o germinado, forma esta en la que se conservan y multiplican sus beneficios y que ha propiciado su éxito.

Los garbanzos tardan más en cocinarse si son de la variedad pequeña y oscura, o si el agua de cocer es dura.

- LA HARINA. Se usa tanto para rebozar como para hacer tortas o en la elaboración de distintos panes como el llamado pan egipcio.

- LAS HOJAS VERDES. Se toman secas o frescas (crudas, en ensalada, o cocinadas como verduras).

Garbanzo

Rico en lecitina y ácido linoléico (omega 6), el garbanzo es energético y nutritivo y destaca por su elevada cantidad de ácido fólico, que hace que el consumo de una ración de 100 g pueda proporcionar al organismo el 90% del ácido fólico que se necesita ingerir diariamente.

Se consumen **frescos** –verdes y tiernos, desgranados de su vaina y ligeramente salteados– y, sobre todo, **secos** (la forma habitual en que se comercializan) de muy diversas formas: cocidos, fritos, tostados, asados, germinados… E incluso se hace con ellos una harina muy utilizada por todo el Mediterráneo y la India con la que se preparan tortas, panes y multitud de platos variados.

Cocinar garbanzos

Para cocinar los garbanzos secos es preciso dejarlos en remojo 12 horas en agua tibia, cubrirlos con agua a la hora de la cocción o incorporarlos a la olla cuando el agua está hirviendo y, al contrario que con las alubias, no deben «asustarse» añadiendo agua fría para romper el hervor, cocinándose a fuego suave y constante. El tiempo medio de cocción es de unas dos horas, aunque variará en función del agua y el tipo de garbanzo.

Al igual que las habas, los guisantes también se pueden secar, si bien se prefiere su consumo cuando están verdes.

Guisante

Los guisantes o arvejas, se utilizan, sobre todo, **verdes.** De esta manera tienen más agua que los secos y son menos calóricos y proteicos. Su contenido en hierro es significativo y la vitamina C que contienen hace que se asimile mejor. Tanto secos como frescos aportan fibra, como todas las legumbres, si bien frescos se digieren mejor.

Al ser de temporada tan corta se ha extendido su consumo **congelado** y sería interesante recuperar el hábito de contar con los guisantes **secos,** ya que puede resultar un recurso útil en la despensa.

- EL TIRABEQUE. Es una variedad de guisante muy temprana, cuya vaina es tierna, por lo que se consumen enteros, incluida vaina y semillas. Se toman en ensalada, como guarnición, formando parte de una menestra o como ingrediente de diferentes guisos.

  En el caso se añadirlos frescos a un guiso, se echan cinco minutos antes de apagar el fuego, para que no se deshagan y no pierdan sus vitaminas y su sabor.

- LOS GUISANTES SECOS. Son ideales para sopas y purés, deben remojarse antes de cocinarlos y se comercializan enteros, partidos, con piel o pelados. Incluso se elabora con ellos una **harina** de sabor dulce, rica en proteínas, muy utilizada en la cocina India.

Las judías verdes, simplemente hervidas y con un chorrito de aceite, son una delicatessen de la cocina vegana.

Haba o judía

Cuando están verdes (con un 80% de madurez) se come tanto la semilla como la vaina; se digieren mejor y aportan cuatro veces menos calorías que secas, aunque siguen aportando proteínas, hidratos de carbono y una importante cantidad de ácido fólico. Las más pequeñas y tiernas se pueden comer crudas o cocidas en sus vainas con los extremos cortados. Si ya han madurado, es mejor desgranarlas, pelarlas y cocerlas. Para evitar que su sabor resulte amargo, las más grandes se pueden pelar tras la cocción y mezclarse con verduras para suavizar su sabor.

- LAS HABAS FRESCAS. Se conservan durante tres o cuatro días en el frigorífico o en un lugar fresco y seco. Soportan muy bien el congelado (hasta tres meses), si bien antes de congelarlas, conviene escaldarlas y dejarlas enfriar. Tras descongelarlas se pueden añadir tal cual a todo tipo de platos.

Judía mungo

La judía mungo, conocida como «soja verde» (aunque no pertenece a la misma familia) y «garbanzo verde», ha adquirido protagonismo debido a la popularidad de sus brotes, que se comercializan como brotes de soja cuando en realidad son de esta legumbre amarilla por dentro que pierde su fina piel de color verde fácilmente. Rica en vitaminas del grupo B y minerales, no requiere excesivo remojo y se cocina en agua fría siendo menos flatulenta que otras legumbres y, junto con las lentejas, de las más fáciles de digerir. Con ella se preparan guisos cremosos y germinadas para ensalada.

Soja roja

A la judía azuki se la llama «soja roja» por su color rojizo. Sus semillas son las preferidas para **brotes,** aunque son muy populares en **repostería** por su sabor dulzón. Se usan como base de una bebida caliente para recubrir pasteles y en Japón se emplean para elaborar el anko, la pasta dulce que rellena los *dorayakis*.

- LAS HABAS SECAS. Duplican o triplican el valor de los elementos nutritivos de las habas frescas, si bien son más difíciles de digerir. Con ellas se elabora también una harina de gran poder energético.

Judía azuki

Esta es una legumbre muy valorada en la medicina tradicional china por sus propiedades depurativas, que ayudan a limpiar el organismo, fortaleciendo y estimulando los riñones y aportando un gran número de nutrientes. Pequeña, de color rojizo y sabor dulce, se puede adquirir en herboristerías, tiendas de dietética y, sobre todo, de comida oriental, tanto en grano como en polvo, enlatada o en forma de pasta.

Lenteja

Pobre en grasa, rica en hidratos de carbono saciantes y fuente importante de proteínas, potasio y hierro, son las legumbres que menos tardan en cocer. Aunque existen numerosos tipos de lentejas, se pueden dividir en dos grandes grupos: unas planas

La lenteja de Puy es una variedad de color verde, perfecta para germinada o en guisos a las finas hierbas y ensaladas.

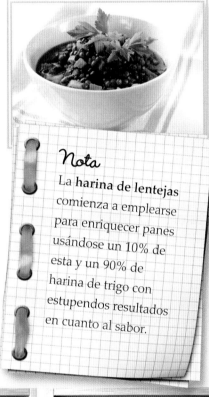

y grandes y otras más pequeñas y redondeadas. Con las lentejas grandes basta un remojo de cuatro horas –en las de piel más gruesa– para agilizar la cocción, como le ocurre a la **rubia castellana** y **la verdina,** cremosas y perfectas para guisos y estofados. La mayoría de variedades pequeñas no necesitan siquiera ese remojo previo, cocinándose a fuego lento unos 20 minutos, como le ocurre a la **lenteja de Puy,** de sabor dulce y anuezado. **La beluga,** negra y brillante, tiene una textura y apariencia ideal para servirla como guarnición. Algunas de las más pequeñas se mantienen perfectamente enteras tras la cocción como la **lenteja pardina** (deliciosa y nutritiva en ensaladas de arroz, bulgur o pasta fresca), mientras las más delicadas, como las **lentejas coral,** pueden deshacerse fácilmente, por lo que se utilizan para hacer purés o patés.

Nota

La **harina de lentejas** comienza a emplearse para enriquecer panes usándose un 10% de esta y un 90% de harina de trigo con estupendos resultados en cuanto al sabor.

La soja es un alimento milenario de origen chino, básico en gran parte de Asia y cada vez más popular en Occidente.

Soja

La popularidad de la soja se debe a sus excepcionales **propiedades nutritivas** y a su enorme **versatilidad culinaria.** Junto con el altramuz, es la legumbre más rica en proteína con un equilibrio casi perfecto de aminoácidos, un importante contenido en aceite, isoflavonas, lo que beneficia la salud a largo plazo.

Beneficios de la soja

Además de ser una fuente de proteínas, tiene la capacidad de reducir el azúcar en sangre y el colesterol. Además, sirve de alivio en los transtornos menstruales y de menopausia, ya que contiene isoflavonoides y estrógenos de origen vegetal. Por otra parte, también previene la osteoporosis.

- Su PROTEÍNA, deshidratada y concentrada, se comercializa como **proteína de soja texturizada** en distintos calibres. Tras rehidratarla, y una vez escurrida, la proteína se puede cocinar como si fuera carne picada cuidando que no se quede sin salsa porque al carecer de grasa se pega fácilmente.

- LA YUBA (nata de soja, piel de soja o piel de tofu). Es otro alimento altamente proteico. Se trata de una **película fina de proteínas** coaguladas que se forma en la superficie cuando la leche de soja se calienta en un recipiente sin tapa y que al secarse forma una lámina fina y sólida con una textura gomosa. **Estas láminas se comercializan frescas o secas y tienen numerosas aplicaciones en la cocina.** Se consumen al natural, recién retirada la película de la leche; enrolladas y cocinadas al vapor; tostadas, asadas o fritas en forma de saquitos rellenos; superponiendo capas para elaborar productos dul-

El yogur, el tempeh, el natto, el miso o la salsa shoyu y el «tamari» proceden de la soja y se consumen en Asia habitualmente.

ces o salados (numerosos sucedáneos de la carne), algunos, incluso, con formas vegetales o animales.

Las muchas virtudes de los granos de soja van acompañadas de algunos **defectos** tanto de sabor como de digestibilidad que se manifiestan cuando se pretenden consumir cocinadas como otras legumbres. También se estudian posibles efectos nocivos que aún están pendientes de valorar por investigadores y profesionales de la salud y que tienen que ver (como sucede con otros alimentos) tanto con el modo en que se procesa la legumbre para consumirla, como con un consumo excesivo o incompatibilidades. Son cuestiones planteadas como consecuencia de su implantación en Occidente.

La soja en Asia

En Asia, donde mejor la conocen, además de comer sus **semillas** justo antes de que maduren, cuando aún están **verdes,** dulces y tiernas (el *edamame* japonés y el *mao dou* chino), lo más habitual es tomar la **soja fermentada** o transformada de alguna manera para enriquecerla, sacar el mejor partido de su sabor, conseguir que resulte más fácil de digerir y que sus nutrientes se asimilen mejor. Por eso, además del **aceite, la harina, la margarina, la proteína de soja texturizada, la yuba, la leche o su cuajada (el tofu),** son abundantes los alimentos procedentes de la soja, producto de la enriquecedora fermentación que además de suponer un beneficio para la salud pueden realzar el sabor de otros alimentos.

Mousse de algarroba

Ingredientes

½ l de leche de alpiste • la piel de una naranja • Una rama de canela • Una vaina de vainilla • Una cucharadita de agar-agar • Una pizca de sal • 3 cucharadas de harina de algarroba • 3 cucharadas de sirope de arroz • 2 cucharadas de *kuzu* • Aceite de girasol de primera presión

Preparación

Aromatizamos la leche calentándola cinco minutos con la piel de naranja, la canela, las semillas de vainilla y la vaina vacía, removiendo de vez en cuando. Mientras, disolvemos el agar-agar en un poco de agua fría y llevamos a ebullición hasta que se disuelvan los copos.

Retiramos la piel, la rama de canela y la vaina vacía y añadimos la sal. Disolvemos la harina de algarroba, añadimos el sirope y removemos. Incorporamos el agar-agar disuelto en agua, removemos y añadimos el *kuzu* diluido. Batimos y calentamos a fuego suave removiendo hasta que espese (2-3 minutos).

Añadimos un chorrito de aceite de girasol y removemos. Si han quedado grumos pasamos la batidora. Volcamos a los recipientes elegidos y dejamos enfriar en el frigorífico.

Nota

La piel de la naranja debe estar muy limpia, no solo hay que lavarla, sino también cepillarla.

Tomates energéticos

Ingredientes

4 tomates rojos grandes • Sal marina
• Pimienta negra • Una cucharadita de perejil
fresco picado • ½ ajo picado • Aceite de oliva
• El zumo de un limón • 100 g de quinoa
cocida • Una cucharada de guisantes • Una
cucharada de brotes de alfalfa • Una
cucharada de brotes de soja verde • Una
cebolla morada muy picada • Un manojo de
cebollino fresco picado • Una cucharada de
albahaca fresca picada • Un puñado de
cacahuetes tostados picados • Una cucharada de jengibre rallado • Aceitunas
negras • Un puñado de granos de maíz dulce

Preparación

Limpiamos los tomates, cortamos la tapa y vaciamos con cuidado de no romperlos.
Dejamos la pulpa en el vaso de la batidora, salamos el interior de los tomates y los
dejamos boca abajo para que suelten el jugo. Salpimentamos la pulpa y la trituramos con la batidora junto con el perejil, el ajo, un chorro de aceite de oliva y el
zumo de limón hasta obtener un aliño ligero.

En un cuenco, ponemos la quinoa, los guisantes, los brotes, la cebolla, el cebollino,
la albahaca y los cacahuetes. Regamos con el aliño. Probamos y rectificamos de sal
si lo requiere. Batimos dos cucha-
radas de aceite de oliva con el jengibre, frotamos con esta mezcla
las paredes internas de los tomates, los rellenamos con la ensalada y servimos adornados con las
aceitunas negras y el maíz.

Nota

El truco de esta receta es vaciar
bien los tomates y picar
muy menudos todos
los ingredientes.

Hummus
(paté de garbanzos)

Ingredientes

200 g de garbanzos secos • Una tira de alga kombu • ½ cebolla • 3 dientes de ajo • Una hoja de laurel • Sal marina • 2 tazas del caldo de la cocción • El zumo de ½ limón • Una pizca de comino en polvo • Una cucharada de tahina • Una cucharada de aceite de sésamo • 3 cucharadas de aceite de oliva • Una cucharadita de cilantro fresco picado • Pimentón rojo • Semillas de sésamo tostadas • Una ramita de cilantro o perejil fresco

Preparación

Dejamos los garbanzos el día antes en remojo con el triple de agua. Enjuagamos, y ponemos en una olla cubiertos de agua junto con la tira de alga, la cebolla, los ajos y el laurel. Cocinamos a fuego lento hasta que estén tiernos.

Nota

Hay que salar los garbanzos ligeramente unos cinco minutos antes de que termine su cocción.

Retiramos las pieles de los garbanzos ya tibios, los colamos reservando un poco de caldo y los ponemos en un recipiente con el zumo, el comino, la tahina, los aceites y el cilantro. Trituramos con un tenedor o con batidora hasta conseguir la textura que nos guste. Si resulta denso, incorporamos un poco de agua de la cocción. Se sirve tibio o frío con pimentón, semillas de sésamo, un hilito de aceite por encima y una rama de cilantro o perejil.

Falafel tradicional

Ingredientes

250 g de garbanzos • 250 g de habas secas • 4 cebollas medianas • 4 dientes de ajo • Un puñado de cilantro fresco picado • Un puñado de perejil fresco picado • ½ cucharadita de pimentón picante • ½ cucharadita de pimienta negra • ½ cucharadita de comino molido • ½ cucharadita de canela en polvo • 10 g de sal marina • ½ cucharadita de bicarbonato • 15 g de levadura química • 20 g de harina de trigo • Aceite de oliva para freír

Preparación

Remojamos las legumbres por separado durante 12 horas: los garbanzos en agua tibia y las habas en fría. Pelamos la cebolla y el ajo y trituramos junto con el cilantro y el perejil. Enjuagamos y escurrimos las legumbres, quitamos las pieles que podamos (se digiere mejor) e incorporamos a la mezcla anterior, triturando todo con la batidora hasta obtener una masa algo grumosa. Añadimos las especias, la sal, el bicarbonato, la levadura y la harina y trituramos de nuevo. Si la masa queda muy espesa, añadimos un poco de agua. La dejamos reposar una o dos horas y formamos croquetas alargadas o redondas, cuidando que no queden gruesas. Las freímos en abundante aceite caliente hasta que estén doradas.

Hamburguesas de lentejas
y arroz integral

Ingredientes

Un puñado de pipas de girasol crudas • 150 g de lentejas cocidas • 50 g de arroz integral cocido • Un diente de ajo • Una cebolleta • Una cucharadita de perejil picado • Una cucharadita de pimentón ahumado • Una pizca de cominos molidos • Pimienta negra • Sal marina • Una cucharada de aceite de oliva • Pan rallado

Preparación

Doramos las pipas de girasol en una sartén. Trituramos las lentejas y el arroz en un cuenco con ayuda de un tenedor. Incorporamos el ajo y la cebolleta muy picados junto con el perejil y trituramos un poco más. Añadimos las especias, la sal, el aceite y las pipas, amasamos la mezcla con las manos y vamos poniendo pan rallado hasta obtener una consistencia que permita formar las hamburguesas. Las modelamos y las dejamos reposar en el frigorífico un par de horas antes de hacerlas para que se asienten.

Podemos dorarlas en la plancha, a fuego medio, con un poco de aceite o hacerlas en el horno. Para ello, pincelamos de aceite las hamburguesas por ambas caras y horneamos 10 minutos a 180 ºC.

Nota

El tiempo de horneado y de cocinado dependerá del grosor de las hamburguesas. Es mejor hacerlas finas.

Albóndigas de soja texturizada
en salsa de tomate

Ingredientes

200 g de soja texturizada fina • Una cucharada sopera de perejil fresco picado • Un diente de ajo picado • 150 g de pan rallado • Sal marina • Pimienta negra • 50 g de miga de pan • 2-3 cucharadas de leche de soja • Harina para rebozar • Aceite de oliva • 500 g de salsa de tomate

Preparación

Hidratamos la soja en agua o caldo una hora. La escurrimos y la colocamos en un cuenco. Le añadimos el perejil, un diente de ajo picado y la mitad del pan rallado. Salpimentamos y obtenemos una masa incorporando el resto del pan rallado.

Desmigamos el pan en un cuenco, regamos con la leche, dejamos que se empape y escurrimos agrupando la miga con la mano. La incorporamos a la mezcla amasándolo todo. Tomamos porciones de la masa y damos forma a las albóndigas. Las rebozamos en harina y dejamos reposar unos minutos. Las doramos en una sartén con abundante aceite caliente dejándolas sobre papel de cocina absorbente. Calentamos la salsa de tomate en una cazuela, introducimos las albóndigas y cocinamos 10-15 minutos a fuego lento.

Nota

La cantidad de caldo o de agua para hidratar la soja es el mismo volumen que la cantidad de soja.

La huerta

Frutas, verduras, hortalizas y más

Una alimentación sana no lo es tanto sin una presencia significativa de vegetales y, concretamente, sin un **consumo mínimo** diario de frutas y verduras variadas que, para un adulto, se estima que debe estar entre 400 y 600 g (excluidas las patatas y otros tubérculos feculentos). O como señala más concretamente la OMS (Organización Mundial de la Salud), no bajar de tres piezas de fruta y dos raciones de verduras. Y esta, que es una máxima fundamental aplicable a cualquier tipo de dieta que aspire a ser saludable y equilibrada, adquiere mayor importancia cuando se sigue un régimen de vida vegano. Además de **fibra, carbohidratos** de absorción lenta, **minerales y vitaminas,** contienen componentes bioactivos o **fitonutrientes** como los antioxidantes, que las convierten en «**alimentos funcionales**» al haberse demostrado que su consumo influye en la conservación de la salud, reforzando el sistema inmunológico y previniendo enfermedades degenerativas.

¿Qué es qué?

La frontera **que divide a frutas y verduras** no es ni mucho menos nítida ya que, por lo general, la tradición culinaria y la catalogación botánica no necesariamente coinciden. Aunque pepinos, pimientos, tomates o berenjenas, entre otros, son frutos porque encierran semillas, suelen etiquetarse como verduras por una cuestión de hábitos gastronómicos.

- VERDURAS Y HORTALIZAS. Se consideran **verduras a las hortalizas cuyas partes verdes se consumen.** El término **hortaliza incluye** a las **verduras y a las legumbres frescas o verdes** como las habas tiernas y los guisantes, por lo que podemos decir que todas las verduras son hortalizas, pero no todas las hortalizas son verduras. Para elegirlas, hay que intentar evitar las que ya estén limpias, lleven mucho tiempo expuestas, tengan la piel arrugada, con hojas secas o señales de golpes o congelación. Han de ser tiernas, de buen color y sin partes mohosas ni excesivamente duras y, en la medida de lo posible, estar exen-

tas de pesticidas y otras sustancias químicas. Su **alto contenido en agua,** de entre el 80-90% de su peso total, apenas aporta **grasas o proteínas** y su **poder calórico** es escaso. Exceptuando las feculentas (entre las que destacan los tubérculos), las hortalizas no superan el 10% en hidratos de carbono y las frutas (que por lo general tienen un alto contenido en azúcar) no sobrepasan el 18%, salvo algunas como el aguacate, la chirimoya, el plátano y las aceitunas.

- LOS TUBÉRCULOS. Patatas, boniatos (batatas), mandiocas (yucas) y chufas destacan entre las hortalizas por ser alimentos fundamentalmente energéticos, además de nutritivos, hasta el punto de que, concretamente los tres primeros, se han llegado a convertir en básicos en la dieta de millones de personas. Son tallos subterráneos que resultan

Cocción de hortalizas

La **cocción** facilita la digestión y además mejora el sabor de las **hortalizas,** aunque también existe una pérdida importante de vitaminas hidrosolubles –en especial la B1 y la C (entre un 25% y un 60%)– pasando otro tanto al caldo en el que se cuecen. Cuanto más prolongada, más se incrementa la pérdida de nutrientes y es aún peor cuando el agua es alcalina. Los ácidos las protegen, por lo que se pueden **añadir unas gotas de limón** o vinagre al cocinado.

mucho más nutritivos y digestivos cuando se cocinan. La **patata,** uno de los principales cultivos mundiales, es, además, una fuente importante de vitamina C y su piel es rica en fibra y minerales. Para minimizar su pérdida, es recomendable consumirlas al vapor, asadas o hervidas y siempre con su piel.

- LAS FRUTAS. Resultan deliciosas frescas, tal cual se cogen de la planta, y no presentan excesivos problemas de tolerancia digestiva siempre que estén en su punto adecuado de maduración. Aunque la mejor manera de comerlas es crudas –y, si es posible, con la piel– también es interesante consumirlas **cocinadas.** Es cierto que pierden nutrientes, pero también se mejora la absorción de otros y se facilita la digestión y el tránsito intestinal. La fruta cocinada está especialmente indicada para personas que padecen estreñimiento o enfermedades del aparato digestivo y para los bebés. Las posibilidades son múltiples: al vapor, al horno, a la parrilla, a la plancha, fritas, rebozadas e incluso en el microondas. En invierno, sobre todo, que el consumo y la oferta de frutas disminuye, incluirlas en nuestras **sopas** es una buena opción. Para que la pérdida de nutrientes sea míni-

Al horno o al vapor

Lo ideal es **cortarlas** en trozos grandes y **cocinarlas** al horno o al vapor. En caso de cocerlas es mejor usar poco líquido, añadirlas con el agua hirviendo, con piel, y aprovechar siempre el líquido de cocción –donde se concentran las vitaminas y minerales– para otros platos (sopas, salsas y cremas).

Incluir vegetales de todos los colores diariamente es la mejor manera de garantizar el aporte vitamínico necesario.

ma, lo ideal es cocerlas rápida y brevemente. Las incorporaremos hacia el final de la cocción, sin trocearlas demasiado y procurando consumirlas en el acto.

- EL COLOR EN LOS VEGETALES. Indica el contenido de algún compuesto característico que nos puede servir de orientación para combinarlos:

  – **Verdes:** tienen potasio, calcio, vitaminas del grupo B como el ácido fólico, vitamina K, provitamina A (betacaroteno), vitamina C y clorofila. Está presente en **acelgas, espinacas, berros, alcachofas, lechugas, endibias, escarola, brócoli, pepino, aguacate, pimiento o apio,** aliados para el cuidado del hígado y los huesos, además de ser antianémicos y ligeramente diuréticos.

  – **Naranjas:** concentran mayor cantidad de **betacarotenos** que se transforman en vitamina A y son una fuente de vitamina C y de antioxidantes. Protegen la piel, la vista y las mucosas, aumentan y mejoran las defensas frente a las infecciones. Son la **zanahoria, la calabaza, la papaya, el albaricoque y los cítricos.**

La huerta puede mejorar cualquier problema de salud simplemente sabiendo combinar las frutas y verduras más necesarias.

– **Rojas:** destacan por sus compuestos antioxidantes, por sus beneficios para el sistema circulatorio, urinario, respiratorio y la salud cardiovascular y por proteger frente al cáncer de próstata, pulmón y colon. Son los **tomates, remolachas, pimientos rojos, manzanas rojas, granadas, fresas, sandías o rabanitos.**

– **Morados, azules y negros:** disminuyen el riesgo de enfermedades crónicas, ayudan a combatir el envejecimiento, preservar la memoria y bajar la presión sanguínea. **Remolachas, berenjenas, moras, arándanos, uvas y ciruelas** ejercen una acción laxante suave y tienen un poderoso efecto antianémico.

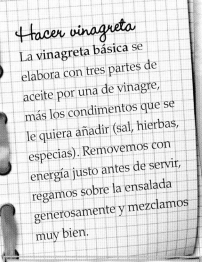

Hacer vinagreta

La **vinagreta básica** se elabora con tres partes de aceite por una de vinagre, más los condimentos que se le quiera añadir (sal, hierbas, especias). Removemos con energía justo antes de servir, regamos sobre la ensalada generosamente y mezclamos muy bien.

- COMER EN CRUDO. A la hora de elaborar cualquier **ensalada fresca o zumo de vegetales,** es muy importante contar con fruta y verdura de temporada, sanas, en su punto de madurez y lavarlas muy bien. Si las verduras se dejan sumergidas en agua muy fría un rato, recuperarán el verdor y la turgencia. En las ensaladas, hay que secar los vegetales bien para que el aliño no se diluya.

Los jugos de **verduras y hortalizas, «los batidos verdes»,** son una manera rápida y fácil de consumir vegetales frescos. Basta con tomarlos siempre recién hechos (para que no se oxiden), en cantidades moderadas, ingerirlos lentamente, ensalivando bien y lejos de las comidas (unos 40 minutos, como mínimo). Los **batidos y smoothies** en los que se combinan las verduras –además de con las frutas– con algas, lácteos vegetales, etc. son más completos.

Flores aromáticas comestibles

El empleo de flores aromáticas en aperitivos, ensaladas, salsas, primeros platos, segundos, postres, confituras, licores o infusiones no solo aporta **vistosidad,** sino también **aroma,** frescura y **sabores** muy particulares, además de ser muchas de ellas importantes **aliados de la salud** por su contenido en vitaminas y minerales (rosas, petunia, borraja…) o sus propiedades calmantes (caléndula), desinfectantes (salvia, tomillo), etc. En la cocina se usan frescas, secas, escarchadas y la esencia destilada de las flores (agua de rosas, azahar…) es un ingrediente habitual en las recetas de repostería de origen árabe.

Si escogemos un aliño para ensaladas a base de aceite lo tendremos que echar en el último momento, justo antes de servir.

La lista de flores que podemos utilizar en la cocina es muy extensa, pero hay que tener en cuenta algunos puntos antes de emplearlas: asegurarnos de que las **flores son comestibles,** ya que podrían ser tóxicas; y cerciorarnos de que **no** han sido tratadas con **insecticidas** (las silvestres o las que cultivemos nosotros, que se cortan por la mañana, el día que se vayan a utilizar, antes de que el sol esté alto, eligiendo las que huelan mejor y estén en perfecto estado).

Las flores son muy delicadas y se deben **cocinar** ligeramente o añadir en el último momento. También se infusionan y encajan muy bien crudas en las ensaladas.

Usos de las flores

- Pétalos de las **capuchinas:** dan un toque ligeramente picante.
- **Rosas y pensamientos:** para elaborar pasteles, confituras, jaleas o vinagres.
- **Malvas:** en ensaladas y sopas.
- **Violetas:** en recetas saladas, como licor, caramelos o mermeladas.
- **Flores de calabacín:** rellenas, rebozadas, fritas o picadas sobre los platos.
- **Flores de plantas aromáticas:** (romero, tomillo, cebollino, albahaca…) resultan muy útiles para aderezar cualquier elaboración dulce o salada.
- **Amapolas, magnolias, begonias, claveles, lirios, jazmines, crisantemos**… son solo un placer para la vista, el gusto y el olfato.

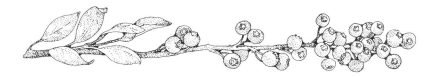

Hierbas y especias

Hierbas (hojas de plantas) y especias (fragmentos de semillas secas, tallos subterráneos o cortezas) son ingredientes que se emplean desde la Antigüedad por sus **virtudes culinarias, antisépticas y medicinales.** No solo acentúan el sabor de los platos aportándoles sus aromas, sino que los conservan, impidiendo el desarrollo de microorganismos nocivos y retardando el deterioro de su sabor gracias a las propiedades bactericidas, fungicidas y antioxidantes de muchas de ellas.

- LAS PLANTAS AROMÁTICAS FRESCAS. Son muy sencillas de cultivar y mantener. Vale la pena plantarlas en casa para poder cortarlas justo cuando las necesitemos y así disfrutar plenamente de su aroma y su sabor.

Si las **picamos,** lo ideal es emplear un cuchillo bien afilado. Si las **trituramos,** es mejor machacar con mortero o almirez que con robot o batidora: así reducimos la entrada de aire, con lo que las sustancias aromáticas se oxidarán menos.

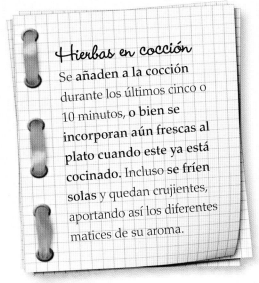

Hierbas en cocción

Se **añaden a la cocción** durante los últimos cinco o 10 minutos, **o bien se incorporan aún frescas al plato cuando este ya está cocinado.** Incluso **se fríen solas** y quedan crujientes, aportando así los diferentes matices de su aroma.

Según las recetas, en ocasiones las especias secas enteras se tuestan con la finalidad de aumentar su sabor.

- LAS HIERBAS SECAS. Deben emplearse en mucha menor proporción que las frescas (hasta tres veces menos), ya que al secarlas se concentra su sabor. Las que mejor conservan sus sustancias aromáticas en estado seco son, entre otras, el laurel, el orégano, el tomillo y el romero. Las más duras y resinosas **se cocinan** 25 minutos como máximo, con el recipiente tapado para evitar que los vapores aromáticos se escapen.

- LAS ESPECIAS ENTERAS. Se **conservan** bien durante un año y las molidas unos cuantos meses, siempre que estén al abrigo de la luz. Lo mejor es comprarlas enteras y molerlas o rallarlas ya en la mesa o en los últimos minutos de cocción.

Setas y trufas

Las setas y las trufas no son ni plantas ni animales, pertenecen a un reino independiente propio, el «**reino de los hongos**» (el mismo de las levaduras y los mohos) y ambas difieren también; las primeras son las frutas externas de los hongos, mientras que las trufas son las subterráneas.

- LAS SETAS. Son la única **fuente no animal de vitamina D** y, además de minerales, contienen un elevado porcentaje de la imprescindible vitamina B12 y **proteínas** sin apenas aportar grasas. Cuentan también con una elevada proporción de agua, algo que hay que tener en cuenta a la hora de adquirirlas, ya que dependiendo de las variedades, una vez cocinadas pueden llegar a perder más de un 70% de su volumen.

Nunca debemos fiarnos de setas recogidas sin control, ya que es fácil equivocarse y mezclar alguna venenosa con las comunes.

Rehidratar setas

Se comercializan **frescas, deshidratadas** (enteras o en polvo), en **conserva, congeladas,** en patés o en **platos preparados.** El secado intensifica el aroma de muchas especies de setas. Para **rehidratarlas** basta remojarlas en agua o leche tibia, tres horas como mínimo, aunque el tiempo irá en función del tipo de seta y el guiso.

Podemos encontrarlas **silvestres o cultivadas,** pero siempre deberán estar firmes y tener un olor intenso y agradable. Si no huelen a nada, no sabrán a nada. Lo ideal es consumirlas lo antes posible, pero si hay que **conservarlas** lo mejor es hacerlo en el frigorífico, envueltas, sin apretar, en papel absorbente y secando antes cualquier resto de humedad. No se deben **lavar** hasta el momento de cocinarlas y admiten múltiples elaboraciones (fritas, asadas, en patés, *risottos*, croquetas, rellenos, al horno…). Resultan deliciosas **cocinadas** de manera sencilla, lentamente, con calor seco y acompañadas de ajo, perejil o tomillo. Las setas pueden resultar **indigestas** si se consumen grandes cantidades y no es recomendable tomarlas crudas.

*Los árboles que suelen cobijar las preciadas
trufas son las encinas, los avellanos o los tilos,
con los que establecen simbiosis.*

- LAS TRUFAS. Con propiedades nutritivas similares a las setas, permanecen ocultas bajo tierra en simbiosis con los árboles y emiten un intenso aroma que atrae a los animales. Más que un alimento, son un complemento de los platos, un condimento que hay que utilizar en pequeñas dosis para que resalte los sabores.

  – **La trufa negra:** es la más utilizada en la cocina. De un perfume intenso y delicado, se toma cruda cortada en sutiles láminas y puede mejorar cocinándola ligeramente.

  – **La trufa blanca:** tiene un aroma penetrante, pero volátil, que no admite la cocción. Su temporada es muy corta, su precio muy elevado y la mejor forma de disfrutarla es cruda, rallándola sobre un plato o cortando lonchas finísimas sobre él justo antes de servirlo.

Algas: las verduras del mar

Las algas –plantas de especies variadas que crecen en agua dulce, salada o medios muy húmedos– **son las verduras con mayor contenido en oligoelementos y sales minerales.** Especialmente ricas en **yodo,** contienen **vitamina A, B2, B12, K, E y C, flúor, proteínas, fibra, hidratos de carbono** y, algunas, **clorofila.** Son fuente de **hierro, fósforo, calcio, cobalto y magnesio** y su alto contenido en **potasio** y bajo en sodio las hace muy diuréticas. La mayoría son un remedio contra los parásitos intestinales, pero su consumo está contraindicado en casos preoperatorios y enfermedades autoinmunes y bajo determinada medicación (tiroides, heparina, etc.).

Las algas, por ser un producto natural, pueden requerir según su recolección diferentes tiempos de remojo o de cocción.

Las algas comestibles pueden ser **cultivadas o silvestres** (las que crecen naturalmente) y, según su pigmentación, se clasifican en pardas (las más grandes), rojas (las más gelatinizantes) y verdes (las más, parecidas a las plantas terrestres). Deben consumirse en pequeñas cantidades y se toman como **alimento principal,** aliño o guarnición e incluso como **suplemento alimenticio** en forma de gotas, cápsulas, pastillas o copos. Podemos adquirirlas **frescas, deshidratadas, en conserva o congeladas.** También se comercializan ya elaboradas, listas para consumir directamente o añadidas a otros platos (ensaladas, guisos, pastas…).

Son muy **versátiles en la cocina** –tanto frías como calientes– ya sea en **ensaladas, sándwiches, batidos, marinadas, salteados, fritos, asados, hervidos o cocidos.** Podemos **fermentarlas** como el chucrut, elaborar **panes,** quiches, empanadas, pizzas o **usarlas como auxiliares** para reblandecer legumbres (kombu), espesar o gelatinizar platos (agar-agar), o como base de rellenos (nori).

Existen también una serie de productos elaborados a partir de las algas como el **alginato, la carregina y el agar-agar** (el más popular) que se emplean en la industria alimentaria para gelificar, espesar y también, para estabilizar emulsiones.

El agar-agar tiene una acción suavizante del intestino, es laxante, saciante y depurativa y regula la glucosa y el colesterol.

- AGAR-AGAR (KANTEN)

  Catalogada entre los aditivos alimentarios como E-406, se obtiene a partir de varias especies de algas rojas, apenas contiene calorías y no aporta color ni sabor a los platos. Se comercializa en forma de copos, polvos, filamentos o barras. Los copos y los polvos se emplean para cuajar o gelificar platos dulces o salados, y sustituir al huevo como espesante. Los filamentos suelen usarse en ensaladas tras un remojo de media hora. Para que el agar cuaje, se hierve a fuego moderado, de uno a 10 minutos (según la presentación elegida), en un poco de agua u otro líquido –ni alcohólico, ni ácido– sin tapar y sin dejar de remover. Una vez disuelto, se deja enfriar del todo.

- ARAME

  De sabor dulce y suave y textura blanda, tiene azúcar natural acalórica. Se remoja en agua fría de cinco a 10 minutos y se cuece otros 10. Cruda, se añade a ensaladas y también se toma en guisos, sopas, con pasta o como guarnición.

- COCHAYUYO

  Es un alga parda, con un suave sabor a mar, voluminosa y carnosa. Recuerda más a una seta que a una planta acuática. Requiere un rehidratado prolongado, mínimo de seis horas en agua fría con limón, que se prolonga a 12 si se va a utilizar en crudo. Su tiempo de cocción una vez hidratada es de 15 a 45 minutos. Si se va a marinar, lo ideal es dejarla unas 24 horas para que los sabores penetren.

Rehidratar algas

Si las adquirimos **frescas,** debemos fijarnos en que no estén descoloridas ni se vean secas y enjuagarlas bien antes de cocinarlas. Las **deshidratadas** hay que remojarlas previamente antes de consumirlas (crecen hasta 10 veces al absorber el agua) y el **agua del remojo** se aprovecha para cocer pastas y cereales o elaborar caldos, salsas o lácteos veganos.

Comer algas de forma habitual ayuda a limpiar el sistema linfático y elimina las toxinas del torrente sanguíneo.

- DULSE

  Es una de las mejores para consumir en crudo, ya sea fresca, rehidratada (bastan un par de minutos de remojo) o espolvoreada en forma de copos secos en ensaladas o batidos en los que se combina con cítricos.

- ESPAGUETI DE MAR

  Esta alga parda, típica del Atlántico, queda perfecta en platos fríos dejándola en remojo al menos 20 minutos. Es una original alternativa a la pasta y resulta deliciosa simplemente salteada con ajo y perejil, con verduras o rebozada y frita.

- ESPIRULINA

  Es una microalga especialmente rica en **proteínas, vitamina B12,** hierro y calcio, lo que la convierte en un habitual suplemento en las dietas veganas siendo lo más habitual tomarla en comprimidos, pero también se puede adquirir en polvo o en copos –útiles para elaborar batidos, pesto o añadir a ensaladas– y formando parte de diferentes alimentos preparados (pasta, galletas, tortitas, etc.).

- HIZIKI

  Se distingue por su intenso sabor a mar. Es un alga muy rica en provitamina A y tiene además un elevadísimo contenido en hierro y calcio. Resulta bastante dura, y por tanto se rehidrata remojándola en agua fría unos 40 minutos y requiere una cocción de media hora

El wakame, por su gran cantidad en vitamina B, es un buen aliado nutricional en casos de estrés o crisis nerviosas.

como mínimo. Lo ideal es tratar de combinarla con ingredientes suaves que contrarresten su peculiar sabor.

- LECHUGA DE MAR

  Es un alga verde rica en ácidos grasos omega 3, vitamina A, B12 y C. Se emplea en ensaladas, rellenos, etc. y para realzar su sabor se suele tostar levemente en el horno y después se espolvorea sobre los platos. También se comen crudas y no es difícil encontrarla en un paseo por la playa.

- NORI

  De sabor suave, es una alga hiperproteica, remineralizante y rica en provitamina A. Las láminas son indispensables en platos típicos japoneses, como el *sushi*, se rellenan de verduras o se consumen, tras tostarlas un par de minutos. Los copos son perfectos para espolvorearlos sobre las sopas, ensaladas o guisos.

- KOMBU

  Cocinada con las legumbres (solo un trozo) las ablanda, mineraliza, acorta el tiempo de cocción y las hace más digestivas. Es rica en fibra, su contenido en yodo es mayor que el de las demás algas y tiene un intenso sabor.

- WAKAME

  Se emplea tradicionalmente para la sopa miso, en distintos tipos de ensalada aliñada con vinagre y también en guisos con la particularidad de ablandar la fibra de los alimentos, al igual que el alga kombu, a la que se parece.

Polo cremoso de frutos rojos

Ingredientes

400 g de frutos rojos • Una lima • 125 ml de yogur de soja • 125 ml de nata de avena • Una pizca de sal marina • Un chorrito de sirope de ágave • 30 g de panela en polvo

Preparación

Trituramos los frutos rojos con la batidora hasta obtener un puré espeso y homogéneo. Si lo tamizamos para quitar las semillas, el polo tendrá una textura más suave que si se las dejamos. Hacemos un zumo con la lima, lo unimos al puré ya tamizado y volvemos a batir incorporando también el yogur de soja, la nata de avena, la pizca de sal, el sirope de ágave y la panela hasta obtener una mezcla cremosa y espesa. Probamos y si es necesario, endulzamos un poco más, recordando que, una vez frío, el dulzor será menor.

Vertemos la mezcla en moldes individuales para polos (vasos de yogur u otro recipiente), insertamos el palo y guardamos en el congelador. Esperamos como mínimo cinco horas antes de comerlos.

Nota

Podemos usar bayas frescas o congeladas. Las frescas se enjuagan y las congeladas se descongelan unos minutos y se baten.

Podemos hacer polos de todo tipo de sabores y texturas sin apenas esfuerzo. La mayor o menor cremosidad dependerá de la cantidad de agua que lleven. Si los hacemos con yogur o nata vegetal serán más suaves y tendrán menos agua.

Ensalada de frutas y hortalizas
con vinagreta de mandarina

Ingredientes

½ lollo verde • Un manojo de rabanitos • 40 g
de semillas de girasol crudas • 40 g de nueces
peladas • Una manzana Fuji • Una manzana
Granny Smith • 8 rodajas de melón • 30 g de
granos frescos de maíz dulce

Para la vinagreta:

El zumo de una mandarina • Una cucharada
de melaza de arroz • ½ cucharada de vinagre
de manzana • Sal • 5 cucharadas de aceite de
oliva • Una cucharada de hierbabuena

Preparación

Lavamos el lollo verde, escurrimos y secamos. Descartamos las hojas exteriores y
troceamos el resto con las manos. Limpia-
mos los rabanitos y los cortamos en rodajas muy finas. Tostamos las semillas de
girasol. Trituramos las nueces. Limpiamos las manzanas y, sin quitarles la piel, las
cortamos en dados. Troceamos la mitad del melón y el resto lo reservamos con
piel para decorar. En la base de los cuencos, asentamos unas hojas de lollo verde
a un lado y al otro los dos trozos de una rodaja de melón partida por la mitad.
Distribuimos por encima el resto de ingredientes. Batimos los ingredientes de la
vinagreta y vertemos por encima. Espolvoreamos la hierbabuena.

Nota

La colocación de los ingredientes debe ser lo más
vistosa posible en todas las ensaladas.

Ensalada japonesa de alga wakame
con pepino

Ingredientes

20 g de alga wakame seca • Una cucharada de azúcar de caña integral •
2 cucharadas de salsa de soja • 3 cucharadas de vinagre de arroz • Un pepino
pequeño • Agua y hielo • Una cucharada de semillas de sésamo blanco

Preparación

Cortamos en tiras las algas wakame ya rehidratadas. Mezclamos el azúcar con la
salsa de soja y el vinagre de arroz y calentamos a fuego suave removiendo hasta
que se diluya el azúcar. Dejamos enfriar y reservamos en el frigorífico.

Lavamos, pelamos irregularmente el pepino, lo cortamos por la mitad a lo largo y hacemos rodajitas muy finas, casi transparentes. Introducimos las rodajas en un cuenco grande con agua y hielo, tapamos y refrigeramos durante unos 30 minutos para que estén firmes y crujientes. Escurrimos y secamos muy bien el pepino y lo colocamos en la base de los cuencos en los que vayamos a servir la ensalada.

En un recipiente aparte, ponemos las algas wakame y regamos con la vinagreta que hicimos con la salsa de soja, el vinagre de arroz y el azúcar, bien fría. Removemos con suavidad y repartimos entre los cuencos poniéndolas sobre el pepino. Tostamos ligeramente, sin aceite, las semillas de sésamo blanco, espolvoreamos sobre las algas y servimos.

Nota

Para rehidratar las algas wakame
se dejan en remojo 20 minutos y
se escurren en un colador.

Ratatouille
o pisto a la francesa

Ingredientes

Una berenjena mediana • Sal
• 3 dientes de ajo • 2 calabacines
• 2 cebollas • Un pimiento rojo
• Un pimiento verde • 3 tomates
rojos • Aceite de oliva • Hierbas
provenzales secas • Albahaca fresca

Preparación

Limpiamos la berenjena, cortamos
a lo largo en cuatro, salamos la
carne y la dejamos escurrir media
hora para que suelte agua y amargor. Fileteamos los ajos, troceamos en dados el calabacín, las cebollas, los pimientos y los tomates y reservamos. Secamos la berenjena con papel absorbente, la cortamos en dados y doramos en una sartén. Sacamos y reservamos. En el mismo aceite, doramos por separado los calabacines y los pimientos y vamos reservando junto con las berenjenas. Por último, añadimos la cebolla, salamos, rehogamos, añadimos los ajos y dejamos a fuego lento hasta que estén transparentes. Añadimos las hierbas provenzales junto con los dados de tomate, salpimentamos y repartimos la albahaca por la superficie. Tapamos la cacerola y apagamos el fuego. Cuando se haya enfriado, volvemos a encenderlo, incorporamos las hortalizas reservadas, y, sin tapar, dejamos que se evaporen los líquidos lentamente.

Nota

Podemos hacer nuestra mezcla seca de hierbas mezclando en un
tarro tomillo, lavanda, mejorana, hinojo, albahaca (una
cucharada de cada una) y romero (media cucharada).

Gelatina de uvas a la menta
con agar-agar y chantillí de coco

Ingredientes

400 ml de leche de coco • 400 ml de agua • Un puñadito de hojas de menta • 2 cucharadas rasas de panela en polvo • 5 g de agar-agar en polvo • 250 g de uvas • 200 ml de zumo de uva blanca • 2 cucharadas de azúcar glas vainillada

Preparación

Metemos la leche en el frigorífico 24 horas antes. Infusionamos la mitad del agua y las hojas de menta, endulzamos con la panela, dejamos reposar 10 minutos y colamos.

Llevamos a ebullición el resto del agua, añadimos el agar-agar y hervimos un minuto sin dejar de remover. Retiramos, añadimos la infusión, removemos y dejamos templar. En un molde enjuagado con agua muy fría, añadimos una fina capa del líquido anterior y colocamos las uvas, sin piel y sin semillas, por capas hasta casi el borde. Añadimos el zumo al líquido templado, removemos, rellenamos con él el molde con las uvas y refrigeramos dos horas.

Sacamos la leche del frigorífico y, con cuidado, recogemos solo la parte blanca y espesa de la superficie y la ponemos en un recipiente helado. Añadimos el azúcar vainillado y batimos hasta obtener la crema chantillí. Servimos con la gelatina.

Nota

No se debe remover el envase de la leche de coco o se romperá la capa superior.

Tortilla de patatas sin huevo

Ingredientes

Una cebolla pequeña • 500 g de patatas • Aceite de oliva • 40 g de harina de garbanzo • 40 g de harina fina de maíz • Sal marina fina • Cúrcuma • 200 ml de agua

Preparación

Pelamos la cebolla, la cortamos en juliana y reservamos. Pelamos las patatas, las cortamos a daditos y las freímos (hay que poner aceite muy caliente y después bajar el fuego y dejar que se hagan lentamente). A mitad de la fritura añadimos la cebolla y dejamos que sigan haciéndose juntas.

En un cuenco, mezclamos las harinas con la sal y una pizca de cúrcuma y añadimos el agua poco a poco mientras batimos. Debe quedar una mezcla homogénea, sin grumos y con una apariencia similar a la de los huevos batidos.

Sacamos las patatas y la cebolla, las escurrimos y las añadimos al batido. Rectificamos de sal. Engrasamos ligeramente una sartén antiadherente y volcamos el contenido del cuenco. Dejamos cuajar unos cinco minutos y le damos la vuelta. Cuajamos la otra cara y la volcamos a un plato.

Frutos secos y semillas

Cápsulas de vida

Al igual que las legumbres y los cereales, los frutos secos y otras semillas más pequeñas –también oleaginosas como estos– son, en su calidad de simientes, cápsulas de vida. Encierran la capacidad de generar otra planta, alimentarla para que se sustente y defenderla envolviéndola con una capa protectora que la aísle del exterior. Por lo tanto, cuando las tomamos, nos beneficiamos de toda esa fuerza concentrada, así como de las cualidades de la planta en potencia.

Frutos secos

Entre sus principales características nutricionales destaca su importante aporte de **ácidos grasos insaturados** (a excepción de los cocos, ricos en grasas saturadas). Estas grasas participan en reacciones metabólicas importantes y tienen un elevado efecto regulador, ayudan a aumentar el aporte de hierro y a controlar el nivel de triglicéridos y colesterol en sangre, además de proteger contra la arteriosclerosis y el riesgo cardiovascular. Son una fuente de **vitamina E,** con efectos antioxidantes, así como de ácido fólico. Todo ello les hace imprescindibles en una **dieta vegana.**

La mejor época para disfrutar de los frutos secos es a finales del verano y, sobre todo, en **otoño.** La mayoría están buenos **crudos** o **tostados ligeramente** (mejor en casa) para que se digieran mejor. El inconveniente es que al tostarlos se pierden parte de sus nutrientes y las grasas se deterioran.

Para adultos sanos y sin obesidad ni sobrepeso, la **dosis** recomendada de frutos secos es de tres a siete raciones –mejor crudos y sin salar– por semana (una ración son 30 g sin cáscara). Constituyen un nutritivo snack para tomar a media mañana o media tarde, en la cocina resultan un complemento versátil que combina muy bien con numerosos alimentos y son, junto con el tofu, el ingrediente base ideal de los quesos veganos.

Los frutos secos tienen un elevado valor biológico, aportando al organismo proteínas, hierro y ácidos grasos omega 3.

- ALMENDRAS

    Ricas en fibra, hierro, potasio y silicio, además de tonificar nuestro sistema cardio-vascular, refuerzan la salud de los **huesos** por su contenido en magnesio, fósforo y calcio. En comparación con otros frutos secos, sus niveles de **proteína** son altos.

    La leche de almendras –igual que ocurre con la de avellanas, avena y arroz– es muy recomendable para la alimentación de los niños a partir de los tres años por su riqueza en nutrientes y su digestibilidad.

    En la cocina destaca su protagonismo en numerosas elaboraciones reposteras, así como cremas saladas y salsas. La **crema** dulce de almendras resulta perfecta para incorporar a los aliños de ensaladas y a los cereales del desayuno.

- ANACARDOS

    Muy energéticos y remineralizantes, tienen **menos grasas** que las almendras o las nueces y sus proteínas son más completas. Poseen más **hidratos de carbono** de absorción lenta que la mayoría de frutos secos y por su contenido en almidón, se emplean para **espesar platos**.

Procesados

De los frutos secos se obtienen mantequillas (pastas y cremas), aceites y leches. Salvo los aceites, cuyos procesos son más sofisticados, los demás productos podemos hacerlos en casa. Para **las pastas, cremas o mantequillas** se trituran los frutos con un robot y se añade un chorrito de aceite vegetal. En el caso de las **leches** bastará con **activar las semillas** dejándolas en remojo varias horas, escurrirlas, añadirles agua, procesarlas y colarlas.

Para adaptar el sabor a nuestro gusto en la leche de frutos secos podemos añadir sal, un chorrito de aceite vegetal y canela o vainilla.

Se comercializan sin cáscara, ya que esta es tóxica, y sin tostar es como mejor conservan sus propiedades nutritivas, aunque tostados adquieren más sabor.

- AVELLANAS

  Su **riqueza en magnesio** las hace beneficiosas para el sistema óseo y la dentadura, y por su contenido en **ácido fólico** –vitamina que previene las malformaciones fetales– son recomendables para las mujeres embarazadas. Como aperitivo, crudas, fritas, tostadas, enteras, molidas, en pasta, leche o aceite, resultan tan socorridas en la cocina como las almendras y, al igual que ellas, son un ingrediente básico de numerosas elaboraciones de repostería y acompañante tradicional del chocolate (nougat, praliné, garrapiñadas, crema de cacao y avellanas,

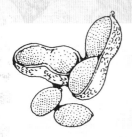

La piel roja que recubre a los cacahuetes contiene muchas sustancias antioxidantes, por lo que es aconsejable consumirlos sin pelar.

etc.). **La crema de avellanas,** rica en hierro, fósforo, potasio y silicio, combina bien con el muesli y da un toque cálido a las vinagretas.

- CACAHUETES

A pesar de que, popularmente, lo consideremos un fruto seco, realmente es una legumbre que destaca por su contenido en vitamina B3, vitamina E, proteínas (26%) y potasio y por tener un poder antioxidante equiparable al de las fresas.

Hay que evitar la mantequilla comercial de cacahuetes, que suele llevar aceite vegetal hidrogenado y un extra de azúcar o sodio para potenciar el sabor, y adquirirla biológica y de calidad para preparar dulces, elaborar aliños o para untar en el pan.

El aceite de cacahuete es uno de los aceites vegetales que soporta temperaturas más altas siendo en este sentido equiparable al aceite de oliva. Podemos utilizarlo para rematar numerosos platos, en vinagretas, salsas y otras tantas elaboraciones.

- CASTAÑAS

Por su **composición –rica en hidratos de carbono y fibra y pobre en aceite**– se asemeja más a un cereal que a un fruto seco. Se toman crudas (así conservan su vitamina

Mantequilla de cacahuete

También podemos hacerla en casa triturando cacahuetes tostados y sin tostar, sin piel, y mezclando con aceite de cacahuete para que nos ayude a amalgamar y, si queremos matizar el sabor, añadiremos una pizca de sal y otro tanto de azúcar.

Si separamos la nata del agua del coco, a esta nata calórica y deliciosa se le pueden dar los mismos usos que a la nata de leche de vaca.

C, pero se digieren peor), asadas, hervidas o al vapor y se emplean en sopas, cremas o como guarnición. Con las castañas secadas y molidas se elabora desde hace miles de años una harina que aún se emplea para elaborar panes o bizcochos y espesar sopas. La castaña es la protagonista de una **exquisitez,** el marron glacé, una dulce especialidad que requiere de una lenta y laboriosa elaboración.

- Coco

  Es **el fruto seco más grande.** Aporta potasio, fibra y minerales como fósforo y magnesio. Es muy calórico (342 calorías/100 g) debido a su **riqueza en grasas** –la mayoría **saturadas**–, por lo que hay que consumirlo en cantidades moderadas.

Un buen **coco fresco** debe ser **pesado,** tener la **corteza** en perfecto estado y, al agitarlo, hemos de percibir que alberga **líquido** en su interior. Su **pulpa** se toma cruda –entera o rallada– y también se cocina. El **coco rallado** que se suele adquirir se obtiene de la pulpa desecada. El **agua** que encontramos en el interior al partir el coco se toma tradicionalmente, recién abierto, como bebida refrescante, y para combatir la deshidratación causada por vómitos.

Agua y leche de coco

El **agua de coco** se comercializa envasada por sus cualidades refrescantes, rehidratantes y remineralizantes. Es muy útil para elaborar leches vegetales y quesos veganos. La **leche de coco** se hace exprimiendo la pulpa triturada y añadiendo agua del propio coco. Si la dejamos reposar y enfriar, esta leche se separa en una capa de nata rica en grasa y otra líquida.

La nuez de macadamia tiene una forma redonda y es blanca, por lo que recuerda más a una avellana que a una nuez.

La grasa de coco, en su versión líquida **(aceite de coco)** o sólida **(manteca de coco),** siempre que se procese de forma natural y sin aditivos, resulta un ingrediente interesante en la cocina.

- NUECES

  Destacan entre los frutos secos por su riqueza en ácidos grasos esenciales y por ser el que tiene **la mejor relación omega 3 omega 6.** Es uno de los alimentos más sanos para el cerebro y el corazón. Con solo tomar **cinco nueces al día** (30 g/200 calorías) nos beneficiamos de su efecto protector frente a las enfermedades cardiovasculares, la diabetes y los procesos inflamatorios.

  Enteras son un delicioso tentempié y combinan con la mayoría de los alimentos. Prensándolas se obtiene un aromático aceite que resulta muy intenso y de sabor dulce. Podemos usarlo en platos dulces y salados: en repostería, panes, quesos veganos, ensaladas, pestos y cualquier otra salsa.

Las nueces pacanas contienen mucho aceite y ácidos grasos, por lo que se estropean con facilidad. Hay que mantenerlas refrigeradas.

- NUECES DEL BRASIL O COQUITOS

  Son el fruto seco con **mayor contenido en grasas saturadas,** superando incluso a las nueces de macadamia y el único que aún se recoge únicamente de árboles silvestres. Por su elevado nivel de grasas es mejor conservarlas en un recipiente cerrado herméticamente y a ser posible en el frigorífico, ya que se enrancian fácilmente.

  Ricas en selenio, ocho nueces (30 g) aportan todos los requerimientos diarios del organismo si bien no convienen abusar de su consumo.

- NUECES PACANAS O PECANAS

  Parecidas a las nueces comunes, aunque más alargadas y estrechas y con la cáscara lisa, las pacanas son oriundas de Norteamérica, tienen un sabor dulce y mantecoso y se comen principalmente al **natural** como aperitivo. En **pastelería** son muy apreciadas elaborándose con ella tartas, pasteles, helados, chocolates y mantequillas. También se emplean en platos salados, macedonias, salsas y leche vegetal.

- PIÑONES

  Es uno de los frutos secos **menos manipulados y más proteicos,** junto con las almendras. Son **excesivamente grasos,** por lo que es muy fácil que se enrancien y se estropeen con el calor. Para beneficiarse de sus cualidades, lo mejor es comerlos crudos y no sacarlos de su cáscara hasta que se vayan a tomar. Si se compran pelados hay que consumirlos cuanto antes para evitar su deterioro.

Las pipas de girasol no son un simple aperitivo o golosina, sino un alimento que aporta vitaminas y minerales.

- PIPAS DE GIRASOL

Además de consumirse tradicionalmente tostadas y saladas como aperitivo, tienen usos similares al resto de semillas oleaginosas. Se emplean mucho en panadería y pastelería y son perfectas para animar ensaladas, cremas y platos de pasta, arroz, cuscús, etc. **Ricas en selenio y proteínas,** dos cucharadas diarias suponen un importante aporte de **vitamina E** a la dieta diaria, fundamental para reducir el riesgo de infartos.

- PISTACHOS

Ricos en proteínas, minerales y ácido fólico, son los frutos secos con más **vitamina A y potasio.** Están presentes en la **repostería** y son un estupendo aperitivo, ya que gracias a su fibra sacian rápidamente. Es conveniente consumirlos crudos y **si la cáscara no está abierta no se debe ingerir el fruto.**

Nota

Un buen **aceite** de girasol (virgen y de primera presión en frío) mantiene el sabor de las pipas y aporta los nutrientes característicos de la semilla.

Otras semillas oleaginosas

Aunque tanto los frutos secos como la legumbres y los cereales son semillas, cuando hablamos de semillas en general solemos referirnos a las simientes de otras plantas empleadas en la cocina tradicional desde siempre y que en la actualidad recuperan fuerza gracias al interés que despiertan sus cualidades nutritivas y culinarias. Estas pequeñas semillas oleaginosas se utilizan como complemento y al igual que sus hermanos mayores, los frutos secos, **se tuestan, se muelen, se transforman en «leche», mantequilla, aceite o se comen crudas.**

El aceite de pipas de girasol es un buen antiinflamatorio natural, aunque no se puede fabricar de forma casera.

- AMAPOLA

  Las semillas de amapola son diminutas y pueden tener un color blanco-amarillento o gris-azulado, siendo estas últimas las más utilizadas Son una excelente **fuente de calcio, hierro y vitamina A** y se usan como condimento en panes y repostería, porque aportan su peculiar sabor y textura crujiente, y un aspecto vistoso y original a ensaladas, salteados y legumbres. En forma de infusión tienen un suave **efecto relajante y expectorante.**

- CALABAZA

  Se pueden tomar, al igual que las pipas de girasol, tostadas o fritas (desechando la cáscara) y deben salarse con moderación. Enteras animan ensaladas, cremas y platos de cereales (pasta, arroz, cuscús, quinoa…) y se emplean, también, en pana-

dería y repostería. Como condimento, se usan molidas con otras semillas y tostadas y molidas con alga nori, que enriquece el sabor y remineraliza. Grandes **aliadas de la próstata** y de las **vías urinarias** destacan por su acción vermífuga como eficaz **antiparasitario intestinal.** Además de ser ricas en ácidos grasos omega 6, son fuente de vitamina E y aportan fósforo, hierro, cinc y magnesio.

- LINAZA

La dura cáscara de las semillas de lino resiste los jugos digestivos, por eso es mejor molerlas antes de consumirlas. Producen un mucílago o gelatina que lubrifica el intestino grueso, así que son **laxantes.** Este carácter mucilaginoso las hace útiles a la hora de **sustituir el huevo en repostería.** Basta con mezclar –por cada huevo– una cucharada de semillas de lino trituradas (majadas en un mortero) con tres de agua.

El aceite de linaza **es la mejor fuente vegetal de omega 3 (**un 60%), útil para prevenir trastornos y fundamental para el corazón y el cerebro.

- SÉSAMO (AJONJOLÍ O ALEGRÍA)

Las semillas de sésamo (blancas o negras) aportan grasas saludables y son una **fuente vegetal de calcio.** Contienen fósforo, cobre, magnesio, manganeso y, sobre todo el sésamo negro, **hierro.** También son ricas en vitamina E y del grupo B, **proteínas y lecitina** (más que la soja).

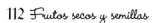

El sésamo o ajonjolí tiene un uso típico en repostería árabe, siendo la cobertura clásica de los polvorones navideños.

Con nueve partes de semillas de sésamo tostadas y trituradas y una parte de sal, obtenemos el gomasio o sal de sésamo. Este condimento sabroso, nutritivo y remineralizante se añade a los platos antes de servirlos y se emplea como sustituto de la sal cuando se quiere reducir el aporte de sodio en la dieta.

El aceite de sésamo, obtenido por primera presión en frío, es muy resistente a la oxidación y se emplea tanto para cocinar como para dar masajes corporales. Resulta perfecto en vinagreta acompañado de salsa de soja, sirope de arroz (u otro vegetal suave) y un vinagre de sabor tenue.

La tahina

También con las semillas de sésamo tostadas, trituradas y, en este caso, emulsionadas con agua –y con un poco de aceite de sésamo cubriéndolo todo como conservante– se elabora la energética y deliciosa pasta o salsa conocida como **tahina (tahine, tahini o tahín),** una de las más típicas de la comida árabe presente también en la gastronomía del este de Europa. La tahina no solo se emplea para aderezar platos (hummus, *baba ganoush*...) sino que, además, resulta perfecta simplemente untada en el pan.

Timbal de arroz
con pesto de piñones

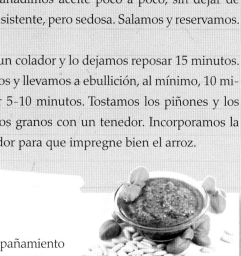

Ingredientes

Pesto: Un diente de ajo • Flor de sal 20 g de hojas de albahaca • 45 g de piñones crudos • Aceite de oliva
Arroz: 120 g de arroz thai o jazmín • 219 ml de agua • Sal • 30 g de piñones crudos

Preparación

Pelamos el ajo quitándole el nervio central y lo machacamos en un mortero con un pellizco de sal. Le unimos la albahaca y seguimos majando. Continuamos incorporando los piñones y cuando sea una pasta homogénea, añadimos aceite poco a poco, sin dejar de batir, hasta obtener una emulsión consistente, pero sedosa. Salamos y reservamos.

Enjuagamos el arroz bajo el grifo en un colador y lo dejamos reposar 15 minutos. Cubrimos el arroz con el agua, salamos y llevamos a ebullición, al mínimo, 10 minutos. Apagamos y dejamos reposar 5-10 minutos. Tostamos los piñones y los mezclamos con el arroz separando los granos con un tenedor. Incorporamos la salsa pesto y revolvemos con el tenedor para que impregne bien el arroz.

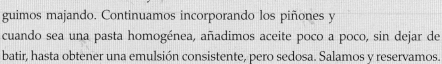

Nota

El timbal de arroz resulta un acompañamiento perfecto para seitán o tempeh a la plancha, una parrillada de verduras o unas brochetas veganas.

Crema de castañas y calabaza
con aceite de sésamo

Ingredientes

- 12 castañas • Aceite de oliva • Un puerro • Una cebolla • Sal marina
- 500 g de calabaza • Una zanahoria
- Una manzana • Pimienta negra recién molida • Aceite de sésamo de primera presión en frío

Preparación

Hacemos una pequeña incisión en las castañas con la punta de un cuchillo y las hervimos 15 minutos en agua. Las escurrimos, pelamos y reservamos.

Cubrimos el fondo de la olla de aceite y añadimos el puerro y la cebolla picados. Salamos y sofreímos hasta que se transparente la cebolla. Unimos al sofrito la calabaza pelada y la zanahoria cortadas a daditos, removemos y dejamos un par de minutos. Incorporamos las castañas partidas por la mitad, la manzana pelada y troceada y cubrimos de agua. Dejamos cocer a fuego lento hasta que todo esté tierno (entre 20 y 30 minutos). Salpimentamos unos 10 minutos antes de acabar.

Antes de pasar la batidora es mejor sacar el caldo e irlo añadiendo a medida que se necesite. Así conseguiremos una textura muy cremosa y suave. Añadimos un fino hilillo de aceite de sésamo, removemos y servimos.

Nota

Se acompaña de pan frito, hierbas frescas picadas, frutos secos tostados o un puñado de semillas.

Panna cotta de coco

Ingredientes

• 400 ml de leche de coco • 200 ml de nata de arroz • 60 g de sirope de ágave • 100 g de coco rallado • ½ vaina de vainilla • 3 g de agar-agar en polvo

Preparación

Ponemos en un cazo la mitad de la leche de coco y, aparte, batimos la leche restante con la nata, el sirope y el coco rallado. Reservamos. Cortamos la media vaina de vainilla longitudinalmente dividiéndola en dos y con la punta de un cuchillo raspamos el interior de ambas mitades para sacar las semillas. Las incorporamos –junto con las vainas vacías– a la leche del cazo y diluimos en ella el agar-agar. Dejamos hervir durante un minuto removiendo constantemente.

Nota

Se sirve cubierta de caramelo casero, coco rallado, mermelada, frutos secos , fruta confitada, etc.

Bajamos el fuego y le añadimos la mezcla de leche, nata, sirope y coco mezclando todo bien con una cuchara de madera. Seguimos así y cocemos otros tres minutos a fuego lento sin dejar de remover. Repartimos en moldes o flaneras individuales (o una grande), dejamos que se enfríe del todo y guardamos en el frigorífico durante al menos siete horas.

Para desmoldar la panna cotta, sumergimos los moldes unos segundos en agua caliente, secamos por fuera y volcamos sobre un plato de postre.

Tartaletas de manzana
con crema de almendras

Ingredientes

Tartaletas: 250 de harina floja • 80 g de azúcar glas • 30 g de almendras en polvo • Sal marina • 150 g de margarina muy fría • 3 cucharadas de agua muy fría • La ralladura de la piel y una cucharada del zumo de un limón

Relleno: 100 g de margarina blanda • 100 g de azúcar glas vainillado • 100 g de almendras en polvo • 15 g de harina • 60 g de nata de almendras • 2 manzanas • Canela en polvo

Preparación

Tamizamos la harina con el azúcar, las almendras y una pizca de sal, incorporamos la margarina y ligamos con los dedos haciendo migas. Añadimos el agua, el zumo de limón y la ralladura y mezclamos. Sobre la mesa enharinada, hacemos una bola con la masa sin trabajarla, la envolvemos en film y refrigeramos dos horas.

Pasamos a la masa un rodillo y la dejamos con medio centímetro de espesor. Rellenamos los moldes, colocamos papel vegetal y cubrimos de garbanzos para que no suba. Horneamos 15 minutos a 150 °C.

Batimos la margarina con el azúcar; añadimos las almendras, la harina y la nata. Descorazonamos las manzanas y laminamos en gajos. Cubrimos las tartaletas con una capa de crema, encajamos las láminas de manzana, espolvoreamos canela y horneamos a 180 °C 20 minutos.

Higos rellenos de crema
de queso vegano de nueces de macadamia

Ingredientes

• 250 g de nueces de macadamia • Un pellizco de sal • 2 cucharadas de yogur natural de soja • 120 ml de agua de coco • Sal • 6 higos frescos • Aceite de nuez • Sirope de arroz • Pistachos y almendras troceados

Preparación

Cubrimos las nueces de macadamia con el triple de agua y las dejamos en remojo durante una noche. Al día siguiente escurrimos y trituramos las nueces con la batidora. Cuando tengamos una pasta, añadimos la sal y el yogur y volvemos a triturar. Incorporamos el agua de coco poco a poco, sin dejar de batir, hasta obtener una crema fina, pero no líquida. Probamos y rectificamos de sal si es necesario.

Vertemos la mezcla en un recipiente de cristal limpio con cierre hermético y dejamos fermentar durante 24 horas. Refrigeramos dos horas antes de usar.

Limpiamos los higos y los cortamos en cuatro desde la punta sin llegar a la base. Abrimos con suavidad e introducimos la crema de queso. Regamos con un hilillo de aceite de nuez y hacemos otro tanto con el sirope de arroz.

Espolvoreamos por encima los pistachos y las almendras picados. También podemos rellenar con ellos la crema antes de introducirla en los higos.

Nota

Admite la compañía de los frutos secos, los dátiles, la menta o las semillas de sésamo o amapola.

Helado de chocolate
con frutos secos

Ingredientes

• 300 g de leche de avellanas • 300 g de nata de soja • 170 g de chocolate puro al 70% • 2 cucharadas de sirope de arroz • 100 g de panela molida fina • 100 g de avellanas o nueces troceadas

Preparación

Batimos la leche con la nata y reservamos. Derretimos el chocolate al baño María. Lo volcamos sobre la mezcla anterior poco a poco removiendo con suavidad. Añadimos el sirope y batimos. Incorporamos la panela y lo unimos a la mezcla con la batidora hasta que se integre todo bien y quede cremoso. Lo vertemos a un recipiente apto para el congelador y dejamos enfriar. Cuando esté frío del todo, lo metemos en el congelador.

Vamos vigilando de vez en cuando y al ver que el helado empieza a congelarse, lo sacamos y batimos con la batidora hasta que vuelva a ser una crema. Repetimos la operación de sacarlo y batir tres o cuatro veces. Dependiendo del congelador esto será cada media hora o cada hora. Finalmente, dejamos que se congele del todo. Lo sacamos del congelador media hora antes de consumir y lo dejamos en el frigorífico. Se sirve acompañado de avellanas o nueces sin piel troceadas.

Germinados y fermentados

Tradición culinaria

La germinación y la fermentación son **dos procesos naturales** diferentes, que **mejoran las cualidades nutritivas** de los alimentos, su **digestibilidad** y su **conservación,** y que se pueden reproducir de manera sencilla y económica.

Con el tiempo, estos alimentos –**abundantes en la alimentación primitiva**– han ido perdiendo protagonismo en las sociedades actuales aunque mantienen su presencia en la **tradición culinaria de numerosos países** y por todas partes encontramos comidas y bebidas a base de germinados y producto de la fermentación. La lista es muy larga: los alimentos **complementarios del destete** que se preparan tradicionalmente en **países africanos y asiáticos,** el pan esenio que usaba solo trigo germinado en Israel doscientos años antes de nuestra era, variedades de **cervezas** a partir de la **fermentación de cereales** (cebada, trigo, maíz, sorgo, mijo), el pulque **mexicano,** elaborado con la **savia fermentada del ágave** (maguey); en **Japón,** el takuan (un encurtido o *pickle* de rábano daikon) o las ciruelas fermentadas umeboshi; en **Indonesia,** el tempeh de granos de soja fermentados; en **Corea** el kimchi; el chucrut en Alemania...

Germinados

Una semilla es pura vida en potencia. Dentro de su cubierta protectora se concentra el embrión de una nueva planta junto con los nutrientes necesarios para impulsar y alimentar su germinación. Para que la **semilla brote** solo necesita estar **sana** y contar con las dosis justas de **humedad, calor y oxígeno.** En el proceso de germinación, las semillas se transforman en un alimento predigerido –lo que exige menos esfuerzo al aparato digestivo– y muchas incrementan su valor nutricional, que llega a multiplicarse hasta por cinco o seis. Se convierten, así, en **perlas de salud** muy poco calóricas, que aportan clorofila (antianémica, revitalizante y depurativa), vitaminas, minerales y oligoelementos, fortalecen el sistema inmunológico, regeneran la flora intestinal, ayudan en los procesos digestivos y suministran enzimas.

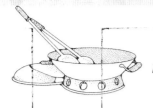

El consumo de germinados en Occidente es relativamente reciente, mientras que en Asia los brotes tienen miles de años de antigüedad.

Lo mejor es consumirlos crudos en ensaladas, sándwiches, bocadillos, mueslis, zumos, guarniciones, sopas… Con ellos se elaboran, también, panes, tortas y otras masas, y podemos encontrarlos enriqueciendo rellenos, tortillas y postres, o cocidos en sopas y platos orientales. Al ser productos que se suelen consumir crudos, hay que ser muy exigentes con las medidas higiénicas. Debemos fijarnos en la fecha de caducidad, evitar los que se vean mustios, amarronados o con manchas, etc.

Germinar los brotes **en casa** es muy fácil. Solo necesitamos contar con **semillas** (ecológicas, libres de pesticidas y sin manipulación) que no estén dañadas ni hayan sido tostadas.

- PREPARACIÓN DE GERMINADOS CASEROS

  1. **Enjuagamos** las semillas bajo el grifo usando un colador fino.

  2. Las dejamos en **remojo** en un bote de cristal con el doble o triple de agua toda la noche (unas 12 horas).

Los germinados más populares son las legumbres y los cereales, pero se pueden lograr de especias, verduras o frutos secos.

3. Por la mañana, ponemos una gasa a modo de tapa, asegurándola con la goma, y volcamos toda el agua. Repetimos llenando el bote de agua y vaciándolo varias veces. En el último **enjuague** agitamos con energía. Deben quedar sueltas –sin amontonarse– y ligeramente húmedas.

4. **Dejamos el bote** con las semillas al abrigo de la luz, en un lugar bien aireado y templado, boca abajo y **repetimos el proceso** de enjuague y escurrido **dos o tres veces al día.**

5. **Germinarán** a los pocos días (entre dos y siete). Prolongamos el enjuague y escurrido hasta obtener la longitud óptima para cada semilla, que oscilará entre algunos milímetros y dos o tres centímetros. Las semillas que no brotan hay que separarlas del resto para que no se pudran.

Equipo
- Un colador fino
- Un bote de vidrio transparente grande de boca ancha esterilizado
- Una gasa de tela
- Una goma o cinta elástica

Los germinados se conservan bien en el frigorífico una o dos semanas (dependiendo de la semilla) siempre que los brotes estén muy bien escurridos y secos.

El tónico natural de hierba verde de trigo es antioxidante, depurativo y reforzador del sistema inmunitario.

Las **semillas gruesas** de las legumbres son las más sencillas de germinar, con las **pequeñas** hay que vigilar muy bien los enjuagues, ya que se pegan fácilmente y pueden enmohecerse.

Las **semillas de mucilaginosas** (berros, lino, rúcula, mostaza…) son más exigentes y necesitan estar bien extendidas, húmedas y aireadas. Germinan mejor en tierra o en un plato sobre el que se coloca una rejilla. Sobre esta se ponen las semillas (sin dejarlas previamente en remojo, solo enjuagadas) para que las raíces tengan espacio y puedan crecer sin que se enreden adhiriéndose, debido a la capa gelatinosa que forman. Para mantener el nivel de humedad constante, nos ayudaremos de un pulverizador.

A partir de las semillas germinadas en casa podemos obtener la nutritiva **hierba verde de trigo** con la que se elabora un **jugo,** pura clorofila, recomendado como antioxidante depurativo y refuerzo del sistema inmunitario.

Por último, no hay que olvidar ser prudentes y recabar información cuando optemos por germinar semillas que nos sean desconocidas. Debemos asegurarnos de que los **brotes** que vamos a ingerir son **comestibles,** ya que algunos –como los de **las solanáceas** (tomates, patatas, berenjenas, pimientos…)– pueden resultar tóxicos.

Hierba verde de trigo

Para obtener la hierba podemos dejar que el brote siga creciendo **en el tarro** de cristal repitiendo el proceso de enjuague y escurrido hasta que alcance una longitud de unos 10-14 cm. La hierba se **conserva** en el frigorífico bien una semana.

En África y Oriente Medio se preparan los cereales desde antiguo en forma de papillas fermentadas para los niños.

Fermentados

La fermentación es un **proceso** químico, provocado de forma **natural** por una serie de **microorganismos beneficiosos** –bacterias, mohos y levaduras–, que **transforma los alimentos** haciéndolos más ácidos, modificando su aroma y consistencia, incrementando sus cualidades nutricionales y su digestibilidad, inhibiendo algunos compuestos perjudiciales y las bacterias patógenas, y prolongando su vida útil. Los alimentos fermentados tienen una acción desintoxicante y cualidades anti-parasitarias, favorecen la digestión, ayudan a evitar gases y son una gran fuente de probió-ticos (microorganismos vivos con efectos or-gánicos muy saludables). Su **consumo habitual** mejora el sistema inmunitario y el equilibrio de la mucosa y flora intestinal.

En la **dieta vegana resultan fundamentales los alimentos de origen vegetal fermentados crudos,** ya que contribuyen a una **alimentación sin desequilibrios nutricionales y más saludable.** El pan de masa madre, los encurtidos o *pickles* de verduras y hortalizas, los alimentos fermentados elaborados a partir de la soja, los yogures de leches vegetales, quesos de semillas o bebidas fermentadas como el vino, la cerveza, el kéfir de agua, la kombucha, el rejuvelac, etc. deben es-tar presentes habitualmente en nuestra mesa y, si bien no todos, la mayoría sí que podemos hacerlos en casa de forma sencilla y económica.

• Panes elaborados solo con levadura natural o masa madre. No hay con-servante ni aditivo que ayude a igualar las bondades de la fermentación natu-

ral (que combina una fermentación láctica y una alcohólica), su frescura prolongada, digestibilidad, valor nutritivo, textura y complejidad de matices en aroma y sabor.

– Pasos para hacer masa madre

- PRIMER DÍA: batimos 50 g de harina de centeno y 50 g de agua tibia (casi fría). Cubrimos con film, lo agujerea-mos con un tenedor para que entre oxígeno y dejamos reposar 24 horas a temperatura ambiente (20-25 ºC).

- SEGUNDO DÍA: refrescamos la mezcla tirando la mitad y quedándonos con 50 g a los que añadimos 50 g de agua. Batimos. Ponemos 50 g de harina de trigo (harina de fuerza) y volvemos a batir hasta que no queden grumos ni harina seca. Dejamos reposar otro día.

Equipo

- Batidor
- Un cuenco de vidrio transparente grande esterilizado
- Film transparente
- Tenedor
- Cuchara de madera

- TERCER DÍA: removemos la mezcla, ti-ramos 50 g y repetimos el proceso de refresco (50 g agua/remover + 50 g harina fuerza /remover) y reposo.

- CUARTO DÍA: la masa ya estará lista para nuestro pan. Habrá duplicado su volumen y tendrá la superficie llena de burbujitas. Si aún no está lo bastante activa, repetimos el refresco un día más.

- LOS ENCURTIDOS DE VERDURAS Y HORTALIZAS. Se obtienen mediante la adición de sal común que desencadena –en un entorno anaeróbico (sin aire)– una fermentación láctica espontánea del azúcar del vegetal. La mejor manera de disfrutar de sus propiedades probióticas y de su riqueza vitamínica es tomarlos en crudo, aunque también se suelen incluir en alguna preparación caliente (sin sobrecalentarlos) como las sopas de chucrut habituales en gran parte de Europa y Asia. El jugo resultante se toma también como tónico digestivo y puede utilizarse en las ensaladas en lugar del vinagre.

Muchos de los encurtidos o *pickles* que **se compran** en las tiendas han sido pasteurizados o les han añadido vinagre, lo que **destruye** la microflora beneficiosa, así que la mejor manera de asegurarnos la calidad del proceso y de la materia prima utilizada es encargarnos de hacer en casa nuestros propios encurtidos vegetales.

– **Pasos para elaborar encurtidos**

• **Lavar** las verduras –zanahoria, lombarda, col (base del chucrut), remolacha, rabanito, cebolla…– y **cortar muy finas.** Podemos mezclarlas con hierbas y especias.

• **Colocar las verduras por capas,** poniendo un poco de **sal marina no refinada** tras cada capa, en un bote de cristal esterilizado. La cantidad de sal oscilará entre 10 y 20 g por kilo de verdura.

• **Comprimir** al máximo las verduras dentro del bote ayudándonos de un peso a modo de prensa. Si es necesario, añadimos un poco de agua con sal para bañarlas por completo.

• Dejar **reposar** a temperatura ambiente durante cuatro o cinco días. Si sale espuma, la quitamos vigilando que la verdura siempre esté cubierta de líquido. Añadimos agua con sal si se evapora. Dejamos que madure en un lugar fresco y oscuro. Una vez abierto el bote, el encurtido se conserva en el frigorífico varias semanas siempre cubierto por su propio jugo.

Equipo
• Un cuchillo
• Un bote de vidrio transparente grande de boca ancha esterilizado
• Un peso para hacer de prensa

El hatcho miso necesita dos años para completar su elaboración. Se distingue por su fuerte color y sabor.

- ALIMENTOS FERMENTADOS ELABORADOS A PARTIR DE LA SOJA. **Yogur, tempeh,** salsas (shoyu, tamari), miso y natto, constituyen un apartado destacable por la popularidad creciente de sus cualidades nutritivas y posibilidades culinarias.

  – **Las salsas de soja:** resultan estimulantes y beneficiosas para el sistema digestivo, favoreciendo el equilibrio de la flora intestinal, además de aportar proteínas, fósforo y vitamina B3. Lo mejor es adquirirlas de calidad y elaboradas sin aditivos, siguiendo los métodos tradicionales. Sus ingredientes básicos son soja, trigo, agua mineral, un hongo llamado koji y sal marina. Con ellos se obtiene el **shoyu,** una salsa aromática, salada y agridulce, y el **tamari,** más oscura, espesa y de sabor más intenso, que se elabora sin trigo (el original) o con cantidades mínimas, por lo que la fermentación alcohólica se elimina. El tamari es más rico en proteínas y grasa que el shoyu y por eso su conservación es más frágil.

  – **El miso:** es un puré cremoso, salado, muy rico en enzimas, que ayuda a regenerar la flora intestinal y facilita la digestión. Se obtiene mediante fermentación láctica de las **semillas de soja blanca pura o** en **combinación con otros cereales** (arroz, cebada, trigo) o legumbres (garbanzos, guisantes…) que **se fermentan con el hongo koji** en un proceso que puede durar meses o años. Para beneficiarse de las múltiples propiedades del miso lo ideal es utilizarlo fresco –sin pasteurizar– y, puesto que tiene microorganismos vivos, añadir-

Tipos de miso

El **hatcho miso** se hace solo a base de soja. Es el más proteico y fuerte. El **kome miso** tiene un sabor suave y se elabora con **soja y koji de arroz blanco** (kome-koji); si se emplea **arroz integral** se denomina **genmai** miso. El **mugi miso,** el más popular en Occidente, lleva **soja y koji de cebada.** El **yellow miso,** se hace con **soja y garbanzo.**

La bebida alcohólica más saludable es la cerveza elaborada con ingredientes naturales (cebada, lúpulo, levadura y agua).

lo en el último momento sin dejar que hierva. Existen casi tantas variedades de miso como regiones, y su sabor y color difiere según el tipo de cereal con el que se combina la soja, las proporciones y el tiempo de maduración. Su color es más claro y su sabor más suave a medida que disminuye la cantidad de soja y el tiempo de fermentación.

– **El natto:** es un alimento muy popular en Japón, que se obtiene fermentando las habas de soja. Se prepara cocinando los granos al vapor, inoculando unos bacilos y dejándolos a 40 °C durante 20 horas. Luego se refrigera un par de días antes de consumir. Tiene un ligero sabor a mantequilla y puede comerse solo, servirse como acompañamiento de la ensalada, el arroz, los tallarines chinos, etc.

– **Bebidas fermentadas:** en todas las culturas y a lo largo de la historia se han producido y consumido **bebidas fermentadas.** Unas (los vinos y las cervezas) están elaboradas exclusivamente a partir de la fermentación de alimentos como la uva, los cereales, los frutos carnosos o bayas de baja graduación alcohólica. Otras, como el kéfir de agua y el té kombucha, se obtienen incorporando unos cultivos específicos (conocidos como «madre» al igual que la levadura natural del pan) que, por lo general, no se comercializan y, puesto que si

Para elaborar alimentos fermentados hay que observar una higiene escrupulosa, respetar los tiempos y vigilar la fermentación.

se cuidan bien crecen indefinidamente, los consumidores habituales suelen regalarlos a quienes los quieren. Para facilitar esta tarea existen algunas páginas en la red en las que se ofrecen de manera gratuita.

– **El kéfir de agua:** se cultiva introduciendo los nódulos (más pequeños que los de la leche) en agua a la que previamente hemos añadido azúcar. Tiene las mismas propiedades que el de leche (para algunos más) con la ventaja de que pueden consumirlo los intolerantes a la lactosa y quienes siguen una dieta vegana.

– **La kombucha** (té de kombu): se elabora dejando fermentar té azucarado con cultivos de kombucha. Se suele utilizar té rojo, verde o negro.

– **El rejuvelac:** es una bebida ligeramente carbonatada con un importante contenido enzimático que se toma como potente tónico. **Se obtiene** fermentando los **granos germinados** de trigo u otro cereal (arroz integral, Kamut, mijo, avena, quinoa, centeno…). Los brotes –del tamaño de la semilla– se enjuagan y escurren bien antes de cubrirlos con el triple de agua (no clorada ni filtrada) y dejarlos **fermentar,** cubiertos con una gasa gruesa, en un lugar oscuro. Cuando el agua se haya vuelto blanquecina estará listo. Se conserva en el frigorífico hasta cuatro semanas. Con el rejuvelac –además de incluirlo en diferentes jugos y batidos nutritivos– podemos hacer quesos veganos caseros fermentados.

Pan esenio
(pan germinado, pan maná o pan de Ezequiel)

Ingredientes

• 150 g de granos de trigo • Sal marina sin refinar (optativa)

Preparación

Germinamos el trigo hasta que los brotes tengan el tamaño de la semilla. Los molemos, añadimos la sal, trabajamos la masa con las manos engrasadas y hacemos un pan plano tipo pita o usamos un molde tipo cake. Dejamos reposar cubierto media hora en un lugar templado y sin corrientes.

Los esenios secaban este pan al sol, pero es mejor utilizar una deshidratadora o secarlos en el horno a temperatura mínima (en algunos esta no baja de 50 ºC). Cuando la superficie del pan se haya secado, le daremos la vuelta y lo dejaremos secar por el otro lado. Según el método que elijamos y el grosor y la humedad de la masa puede tardar entre dos y ocho horas. La temperatura del horno no debe superar los 70 ºC; si es mayor, el pan perderá nutrientes y, además, puede hornearse mal en vez de deshidratarse uniformemente, quedando crudo por dentro y muy seco por fuera.

También podemos hacer este pan con granos de espelta, Kamut, centeno o trigo sarraceno.

Jugo vital (hierba de trigo, manzana, zanahoria y cítricos)

Ingredientes

• Una naranja • Una mandarina • Una manzana • Una zanahoria • Un puñado de hierba de trigo

Preparación

Pelamos la naranja y la mandarina, y las abrimos en gajos. Lavamos y secamos muy bien la manzana y la zanahoria, las troceamos y reservamos.

Extraemos el jugo de la hierba. Si no disponemos de un extractor específico (manual o eléctrico) para obtenerlo podemos usar un mortero. Filtramos la hierba en un vaso con un colador de tela o gasa. Un par de cucharadas soperas son suficientes. Licuamos la naranja junto con la mandarina, la manzana y la zanahoria y ponemos el licuado en el vaso donde está el jugo de hierba de trigo. Removemos todo bien y nos lo tomamos de inmediato.

El mejor momento para tomar esta bebida –perfecta para fortalecer las defensas– es con el estómago vacío: antes de acostarse (tres o cuatro horas después de haber comido) o en ayunas (una media hora antes de desayunar).

Nota

La hierba de trigo tiene numerosas propiedades: es revitalizante, antianémica, depurativa, desintoxicante, y vitamínica.

Queso vegano fermentado
con rejuvelac

Ingredientes

• 30 g de brotes de trigo • 750 ml de agua • 200 g de anacardos crudos • Sal marina • ½ cucharadita de levadura de cerveza

Preparación

Para hacer el rejuvelac, ponemos los brotes en un bote con el agua. Tapamos con una gasa asegurándolo con una goma y dejamos reposar a unos 21 °C. En dos o tres días, cuando el líquido pase a blanquecino, colamos y guardamos en el frigorífico.

Dejamos en remojo los anacardos con el triple de agua durante ocho horas. Escurrimos y trituramos con la batidora. A esa pasta le añadimos 100 ml de rejuvelac hasta obtener una crema blanca y trituramos más.

Cubrimos un colador grande con una gasa gruesa, vertemos la mezcla, la envolvemos y ponemos un peso encima. Debajo colocamos un

Nota

Los brotes de trigo deben ser del mismo tamaño que su misma semilla.

recipiente para que recoja el líquido. Dejamos fermentar entre 24 y 48 horas. Presionamos la tela para eliminar el agua y volcamos el queso en un cuenco. Añadimos la sal y la levadura, mezclamos y lo vertemos a un molde forrado de film. Cubrimos con más film y refrigeramos seis horas, antes de consumirlo.

Barquitas germinadas

Ingredientes

• 4 pimientos amarillos • 15 ml de salsa de soja • 10 ml de sirope de arroz • 60 g de germinado de mostaza • 60 g de germinado de lentejas • 60 g de germinado de soja • 60 g de germinado de trigo • Aceite de oliva virgen extra • 250 g de requesón de tofu

Preparación

Limpiamos los pimientos y con la punta de un cuchillo muy afilado retiramos el tallo y las semillas de los pimientos, los abrimos por la mitad a lo largo y los limpiamos bien por dentro. Enjuagamos y dejamos secar boca abajo en un escurridor.

En un cuenco mezclamos la salsa de soja y el sirope de arroz con los brotes de mostaza y reservamos. Apartamos 10 g de cada germinado de semilla para decorar. Calentamos una sartén con un poco de aceite, añadimos primero los brotes de soja y lentejas, salteamos, e incorporamos los de trigo dando un par de vueltas más. Apartamos la sartén y vertemos sobre los brotes la salsa del cuenco. Removemos y ponemos un poco en el fondo de cada pimiento. Colocamos una generosa porción de requesón sobre los germinados. Coronamos con un manojo de germinados y servimos.

Nota

Estas deliciosas barquitas resultan perfectas para tomar como aperitivo. Podemos hacerlas también con pimientos rojos o verdes, que le den color, y utilizar, en vez de requesón de tofu, quesos a base de frutos secos, por ejemplo, quesos de almendras, anacardos, o incluso nueces de macadamia.

Chucrut (Sauerkraut)

Ingredientes

• Una col blanca • Sal marina sin refinar (10 o 20 g por kilo)

Preparación

Quitamos el corazón a la col, la cortamos en juliana, muy fina, dejando un par de hojas de col enteras para usar de tapa al final, enjuagamos y escurrimos.

En un tarro grande de boca ancha, colocamos una primera capa de col, esparcimos sal por encima, y seguimos alternando capas de col y sal hasta que se nos acabe la col sin llenar del todo el tarro). A medida que colocamos capas vamos presionando con un mazo de mortero para que suelte su jugo y salga el aire. Cuando acabemos, presionamos con las manos prensando bien y tapamos con las hojas de col limpias. Para que queden sumergidas ponemos encima algo muy pesado.

Nota
Este chucrut puede servirse acompañado de zanahorias encurtidas que dan color y sabor al plato.

La col debe quedar siempre cubierta por su jugo, que la protegerá durante la fermentación y evitará que se pudra. Dejamos fermentar a temperatura ambiente, vigilando el proceso. Si vemos un poco de espuma en la superficie, la quitamos y si se evapora el líquido, añadimos un poco de agua salada. Cuando ya no haya burbujitas, guardamos el chucrut en un lugar oscuro y fresco para que madure de dos a cinco semanas. Luego se conserva en el frigorífico bien cerrado y cubierto por su jugo.

Sopa miso vegetal

Ingredientes

- 2 setas shitake deshidratadas
- 500 ml de caldo de verduras
- Un par de tiras pequeñas de algas wakame deshidratadas • Aceite de sésamo • Una cucharadita de mugi miso • Semillas de sésamo tostadas

Preparación

Hidratamos las setas shitake en un poco del caldo de verduras frío durante una hora. Las retiramos, juntamos el caldo del remojo con el resto y sin calentar todavía, metemos las algas wakame 15 minutos para que se hidraten. Las escurrimos y ponemos a calentar el caldo. Rociamos las tiras de algas con aceite de sésamo y las volvemos a poner en el caldo hasta que hierva. Las sacamos, cortamos en tiras y colocamos en el fondo de cada plato o cuenco.

Colocamos el mugi miso en un recipiente y añadimos un poco de caldo caliente. Removemos hasta que se deshaga y lo vertemos en la olla. Removemos enérgicamente con unas varillas. Servimos la sopa con semillas de sésamo espolvoreadas.

Nota

El miso nunca debe hervir, porque en tal caso perdería sus enzimas.

Dulces veganos

Azúcar

Azúcar blanco

Cuando uno de los ingredientes de una receta es «azúcar», automáticamente se entiende que alude al «azúcar de mesa» o «azúcar común», la sacarosa. Este azúcar blanco industrial se obtiene a partir de la **caña de azúcar** o de la **remolacha azucarera.** Ambas se someten a un proceso de **refinado similar** que utiliza un filtro de carbono granular (con una base de madera o carbón) o un sistema de intercambio de iones para clarificar y decolorar.

Pero hay una diferencia fundamental desde el punto de vista vegano: la **necesidad de blanqueamiento es mayor en la caña de azúcar** y, en su procesado, a diferencia del de la remolacha azucarera, algunas compañías (no todas) utilizan un **filtro específico** a base de una variedad de carbono procedente de **huesos de vacas calcinados.** Los huesos no pasan al azúcar: quitan las impurezas y desaparecen tras el último filtrado.

El **azúcar industrializado** ha perdido los nutrientes y otras sustancias de la planta necesarias para su correcta metabolización y se ha convertido en un alimento incompleto que aporta al cuerpo calorías rápidas, pero le roba el calcio, la vitamina B o el magnesio. Son una fuente de **calorías «vacías» de cualquier otro valor nutritivo.** Su consumo habitual daña el hígado, el sistema circulatorio, los ojos, los dientes y los riñones; además provoca dependencia, hipoglucemia, obesidad y estrés.

Los azúcares naturales que el cuerpo necesita se obtienen de alimentos ricos en glúcidos o carbohidratos de asimilación lenta como los cereales (mejor, integrales), así como de los azúcares provenientes de la fruta (fructosa). El empleo excepcional del azúcar refinado no tiene porqué suponer un problema, pero sí su cotidianidad, lo ideal es sustituirlo en el día a día, por ejemplo, por stevia.

No es fácil obtener un granulado tan fino como el comercial en el azúcar glas casero, pero es más natural que el comprado.

- Tipos de azúcar blanco

 – **Azúcar granulado o blanquilla:** azúcar común de grano medio.

 – **Azúcar glas, en polvo, lustre o impalpable:** mezcla de azúcar blanco en polvo con un porcentaje de almidón (entre el 0,5 y el 3% de fécula de arroz o maíz, por lo general). Si trituramos el azúcar cristalizado hasta convertirlo en polvo tendremos un **azúcar glas casero.**

 – **Azúcar vainillado:** muy utilizado en repostería, es azúcar granulado o en polvo con aroma a vainilla. **Prepararlo** en casa es muy sencillo, solo necesitamos poner medio kilo de azúcar en un bote hermético junto con dos o tres vainas de vainilla de calidad (la de aroma más intenso es la Bourbon de Madagascar) cortada cada una en tres trozos, cerrar, agitar y esperar. En 10 días nuestro azúcar tendrá un delicioso perfume a vainilla.

Azúcar moreno

El **azúcar moreno corriente no es un azúcar integral.** Se elabora añadiendo más o menos melaza (según sea oscuro o claro) al azúcar refinado. La melaza le aporta color y un ligero sabor particular, pero un aporte ínfimo (desde el punto de vista nutricional) de vitaminas y minerales, ya que su proporción en este azúcar es

Los bloques de panela se disuelven en agua o se rallan, aunque también es posible comprar panela granulada o molida fina.

demasiado pequeña. Podemos comprobar si es azúcar refinado teñido, lavándolo una o varias veces. Se irá aclarando y dejará de ser rubio o moreno para transformarse en blanco. También existen otros azúcares que se comercializan como integrales sin serlo y en los que el azúcar blanco se colorea con caramelo sintético.

En **repostería,** los azúcares integrales y la melaza son unos ingredientes muy útiles, ya que retienen la humedad mejor que el azúcar blanco y al ser un poco ácidos, interaccionan con el bicarbonato para producir burbujas que harán crecer la masa.

- TIPOS DE AZÚCAR MORENO
  - **Azúcar moreno integral.** Es puro jugo de la caña de azúcar que cristaliza, se bate y se tamiza. Es decir, es azúcar sin refinar (azúcar «crudo») por lo que conserva la propiedades nutricionales de la caña: hidratos de carbono, vitamina A, vitaminas B1 y B2, ácido pantoténico y sales minerales que ayudan a alcalinizar nuestro PH. De color caramelo oscuro, tiene un ligero sabor a regaliz y la textura es un poco pegajosa debido a su riqueza en melaza.

  - **La panela.** Es el **azúcar integral de caña más puro.** También se conoce como piloncillo, rapadura, papelón y chancaca. El **jugo de la caña** de azúcar es sometido a altas temperaturas para que se evapore el agua, concentrándose en una **miel o melaza que se deja solidificar** en bloques rectangulares o piramidales. Se emplea para elaborar postres y bebidas refrescantes.

La melaza tiene un sabor muy fuerte que a muchas personas les recuerda al regaliz. Es mejor tomarla en pequeñas cantidades.

– **Azúcar moscovado o turbinado, el demerara** y el **barbados.** Son otras tantas variedades de azúcar integral de caña que aportan el intenso sabor de la melaza, fuerte, con cierto regusto a nuez y regaliz.

Melazas

Miel o melaza de caña

Es el resultado de cocer el **jugo de la caña de azúcar,** para que se evapore el agua y **se concentren** los azúcares naturales de la fruta, **hasta** obtener una **textura** similar a la **miel** de abeja. Cuanto más oscura esté la melaza, mejor será: más nutrientes tendrá y más intenso será su sabor. Muy digestiva y energética, se recomienda a personas anémicas por su contenido en hierro, y a deportistas por su contenido en glucosa (hidratos de carbono) además de potasio, cobre, magnesio, calcio, y vitaminas. Se toma untada en tostadas, con quesos y yogures veganos, frutas, tofu, en salsas, bebidas y postres. Debido a su riqueza en azúcares simples está contraindicada para diabéticos.

Melaza de remolacha azucarera

La melaza de la caña de azúcar siempre se ha utilizado para el consumo, tanto humano como animal, dentro del proceso tradicional

Melazas

Las melazas **de maíz y arroz** (las más suaves) **y de cebada** (muy espesa y **amarga**) **son muy útiles en repostería,** ya que endulzan, mantienen la humedad y no cristalizan. Pero el jarabe de maíz de alta fructosa (JMFA) carece de nutrientes y se ha creado a partir del almidón o fécula de maíz que se considera más dañino que el azúcar blanco.

Un remedio para las agujetas es añadir una cucharada sopera de melaza y una pequeña de vinagre de manzana en un vaso de agua.

de elaboración de azúcar, no así la procedente de la **remolacha azucarera** que, por su amargor, se ha destinado **exclusivamente a la alimentación de animales.**

En **algunos lugares** sí que se comercializa la melaza de remolacha azucarera como alimento. Su calidad es **diferente de la del subproducto** que se destina a consumo animal. **Esta melaza se obtiene** al reducir el jugo natural de la remolacha azucarera recién cosechada y está libre de impurezas y sin aditivos.

Melazas de cereales

Se pueden obtener edulcorantes naturales de consistencia similar a la miel de **los cereales** –arroz, trigo, cebada, maíz, algarroba, espelta, Kamut, sorgo– mediante un **proceso de fermentación a partir del grano integral germinado.**

El sirope se utiliza mucho para adornar la presentación final de postres como tortitas, panna cotta, flan o helado.

Son **nutritivas, digestivas** y, por lo general, **de sabor suave.** Al partir de alimentos ricos en hidratos de carbono tienen un importante valor calórico, por lo que deben consumirse con moderación. También aportan los nutrientes del grano del que proceden, además de los beneficios adicionales del proceso de germinado y fermentado.

Siropes, azúcares y extractos de otras plantas

Se obtienen jarabes y masas cristalizadas a partir de la savia de diferentes plantas y de los zumos naturales concentrados de fruta. Algunos de los más útiles en repostería son:

Sirope y azúcar de arce

Al igual que ocurre con otros **árboles** (abedul, palmera, olmo…), de la savia del arce se obtiene un jugo dulce –aunque no en exceso– con el que se elabora un jarabe o sirope, así como azúcar granulado. El sirope de arce se clasifica en grados: A, B o C.

El sirope de arce es famoso por su uso en repostería, pero también sirve para endulzar los cereales, las tostadas o la ensalada.

Este último, el de mayor calidad, es el que se combina con el sirope de palma y se comercializa como sirope de savia.

Sirope de ágave

Se elabora con la savia del ágave o maguey, una planta típica de México similar al aloe vera. Su sabor neutro no altera el de otros ingredientes y sirve tanto para platos dulces como salados, ya que realza el sabor y el aroma de los alimentos.

Posee un bajo índice glucémico y gracias a su composición –que es 70% fructosa y 25% glucosa– endulza el doble que el azúcar. En el mercado existen algunos siropes de ágave muy procesados similares al jarabe de maíz de alta fructosa cuyo consumo debe evitarse.

Azúcar de coco

Se obtiene a partir de la savia fresca y recién recolectada de las flores sin abrir de la palma cocotera. La savia (sin dejar que fermente) se cuece a fuego lento para evaporar el agua hasta que cristaliza el azúcar. Muy nutritivo, es un azúcar de color oscuro de baja carga glucémica que podemos usar para endulzar y en repostería en sustitución del azúcar blanquilla.

Sirope o concentrado de manzana

Es un líquido denso de sabor muy dulce que se obtiene cocinando a fuego lento el zumo de manzana. Se utiliza en pequeñas dosis y aporta un sabor delicado a platos tanto dulces como salados.

Las hojas de stevia se han usado tradicionalmente en Paraguay y Brasil por sus propiedades medicinales.

Stevia o estevia

Es el sustituto más popular del azúcar blanco. Este edulcorante natural de sabor neutro –aunque con cierto regusto a regaliz– no aporta calorías, regula los niveles de glucosa en sangre, reduce el ansia de comida y reporta numerosos beneficios al organismo. Apta para diabéticos, resulta ideal para quienes no pueden tomar azúcar, no quieren calorías extras en su dieta o simplemente prefieren contar con alternativas sanas a la hora de endulzar.

La stevia *(Stevia rebaudiana Bertoni)* es una planta fácil de cultivar que se puede tener en la terraza o en el jardín.

Hay que tener cuidado, ya que en el mercado podemos encontrar edulcorantes elaborados a partir de la stevia que carecen de sus virtudes medicinales al tratarse de plantas modificadas genéticamente para aislar uno de sus azúcares (el rebaudiósido), eliminando su principio activo.

La hojas de stevia endulzan 30 veces más que el azúcar y el extracto es hasta unas 300 veces más dulce que éste. Se presenta en hojas frescas o secas (para ensalada o infusión), solución acuosa concentrada (dos gotitas son suficientes) o extracto concentrado en forma de polvo blanco o en comprimidos, pudiendo reemplazar al azúcar como edulcorante de mesa y en la mayoría de las elaboraciones que lo requieren.

Hojas de stevia

- Una cucharadita de azúcar blanca, por ejemplo, equivale a dos gotas de stevia.

- Una cucharadita de stevia en polvo, a 200 g de azúcar blanca o 90 g de azúcar moreno integral.

Al sustituir un alimento por otro hay que tener en cuenta que probablemente el sabor y la textura se verán afectados.

Veganizando recetas

A veces, podemos prescindir del huevo en una receta y el resultado final no se ve especialmente alterado. Pero, por lo general, los ingredientes **no siempre se pueden eliminar o reemplazar** por otros sin más. Estas son las sustituciones más típicas:

Azúcar por sirope

Al cambiar el azúcar granulado por sirope de ágave, como el sirope es más dulce y además es líquido, afectará a la textura de la masa y el tiempo de horno, ya que se dora antes. Por lo que tendremos que utilizar la mitad de sirope que la cantidad indicada para el azúcar y reducir la temperatura del horno unos 10 ºC aumentando el tiempo del mismo unos minutos.

Harina de trigo por otra

Sustituir total o parcialmente la harina de trigo refinada por trigo integral, por harina de un cereal diferente, de legumbres o de frutos secos, exige tener presente la cantidad de gluten y la capacidad de absorción de la harina o harinas elegidas en comparación con la que indica la fórmula.

Mantequilla u otras grasas

La **margarina** es el mejor **sustituto** para la **mantequilla** porque su contenido en agua (máximo del 16%) y grasa (un mínimo del 80%) suele ser similar. Optaremos por margarinas **no hidrogenadas** para evitar las grasas saturadas de las hidrogenadas tan perjudiciales para la salud.

La mantequilla de origen animal está presente en casi todas las recetas de repostería tradicional.

Si preferimos emplear **aceite** de oliva, por cada **100 g de mantequilla la proporción equivalente sería de 80 g de aceite y 16 g de agua.** Lo ideal para muchas recetas de repostería es emulsionar el agua y el aceite juntos batiendo como si hiciéramos una mayonesa y luego incorporar esta mezcla con suavidad al resto de ingredientes.

Lácteos

Se puede sustituir la **leche de vaca** por cualquiera de las «**leches vegetales**» sin endulzar. La leche de soja puede ser más útil que otras en determinadas recetas, ya que la lecitina presente en ella actúa como emulsionante.

Si necesitamos reemplazar **suero de leche,** mezclamos una taza (240 g) de leche vegetal con una cucharada (15 g) de vinagre de manzana, dejamos cuajar unos minutos y añadimos. En cuanto a los **yogures,** los sustituiremos por yogures de soja (natural o de vainilla), obteniendo un resultado muy parecido al de los yogures de leche de vaca.

Existen sustitutos de huevo que se pueden adquirir en tiendas de dietética, y harina para cocinar sin huevo, que se mezcla con agua.

Donde se precise **nata** emplearemos nata de soja, nata de tofu o cualquier otra nata vegetal. Si necesitamos hacer nata montada o chantillí los mejores resultados se obtienen con la nata de soja y la leche de coco entera. En este caso usaremos solo la cobertura sólida que se concentra en la parte superior tras permanecer unas 12 horas en el frigorífico. Solo necesitamos batir esa masa espesa endulzándola igual que haríamos si montáramos nata de leche de vaca.

Huevos

Los huevos sirven de aglutinante, aportan humedad (contienen un 75% de agua) y, a la hora de hornear, también dan aire y color a la masa. Existen infinidad de opciones para sustituirlos, pero la más fácil es, si en la receta se necesitan **uno o dos huevos,** simplemente **quitarlos y añadir** una cucharada extra de **agua** para mantener el equilibrio húmedo de la preparación.

Podemos sustituir cada huevo por 1/4 de taza de **puré de manzana** sin endulzar (dos manzanas cocidas con una cucharada de limón y algo de agua) o por una **manzana madura rallada** o por un **plátano muy maduro** (u otras frutas maduras) aplastado con un tenedor hasta hacerlo puré. Otra opción sería usar una cucharada de **harina de soja** o de **fécula de arroz o de maíz** y añadir otras dos cucharadas de **agua.** Un huevo también se puede reemplazar por 1/4 de taza de **tofu sedoso** muy triturado con la batidora para que no queden grumos. Cuando hagamos galletas, brownies o panes con levadura sustituiremos cada huevo de la receta por dos cucharadas de **linaza molida** diluidas en cuatro cucharadas de agua y bien batidas como si fueran claras.

Bizcocho con ciruelas rojas

Ingredientes

- 2 o 3 ciruela rojas • 150 g de harina • 110 g de azúcar moreno molido • 1 g de bicarbonato • 5 g de levadura • Una pizca de sal • 30 g de fécula de arroz o maíz (maicena) • 100 ml de aceite de girasol • 140 ml de leche de avena • 60 ml de zumo de naranja • La ralladura de la piel de una naranja • Azúcar glas

Preparación

Precalentamos el horno encendido arriba y abajo a 180 °C. Lavamos las ciruelas, las secamos y reservamos. Tamizamos la harina, el azúcar, el bicarbonato, la levadura, la sal y la fécula para que se aireen y mezclamos removiendo con energía. Batimos el aceite, la leche de avena, el zumo y la ralladura de naranja. Incorporamos los ingredientes secos a los húmedos poco a poco mezclando bien hasta obtener una masa fina.

Engrasamos y enharinamos un molde redondo y vertemos la masa. Cortamos las ciruelas por la mitad, las deshuesamos y, cada mitad volvemos a partirlas en dos cascos. Sin quitarles la piel, vamos distribuyendo los cuartos sobre la superficie de la masa colocándolos boca arriba y ligeramente incrustados. Horneamos a 170 °C durante 30-40 minutos o hasta que al pinchar en el centro del bizcocho con una aguja esta salga limpia.

Nota

Para presentar, se espolvorea azúcar glas y se deja templar en el molde. Hay que desmoldar sobre una rejilla para que se enfríe.

Helado de arándanos azules
con semillas de sésamo negro

Ingredientes

• 400 g de arándanos azules • 200 g de panela fina • 30 ml de zumo de limón recién exprimido • 400 ml de nata de soja • Sal marina • Semillas de sésamo negro

Preparación

Enjuagamos los arándanos, escurrimos, secamos con papel absorbente y los ponemos en un cuenco alternando capas de arándanos y de panela. Tapamos con film y dejamos macerar en el frigorífico toda la noche. Ponemos los arándanos en un cazo con su sirope y cocemos a fuego lento hasta que se ablanden. Añadimos el zumo y hervimos cinco minutos. Quitamos la espuma, apagamos y dejamos reposar 10 minutos. Trituramos y refrigeramos una hora.

Apartamos 200 ml de la nata de soja, la mezclamos con la mermelada y calentamos removiendo. Apartamos, ponemos una pizca de sal, removemos de nuevo y dejamos enfriar. Montamos la nata restante con batidora y la incorporamos a la crema anterior ya fría.

Ponemos el helado en un recipiente con tapa y congelamos seis horas removiendo cada dos horas para impedir que cristalice.

Nota

Este helado se sirve espolvoreado con semillas de sésamo negro, que le dan un toque exótico y decorativo sin alterar el sabor o la textura de los arándanos y la nata de soja.

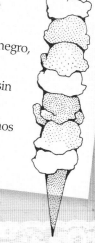

Brownies

Ingredientes

• 250 g de harina • 400 g de azúcar
moreno • 5 g de levadura • 5 g de
sal • 50 g de cacao puro en polvo
• 220 ml de aceite de nuez o girasol
• 240 ml de agua • 50 g de nueces
troceadas • 75 g de chocolate puro

Preparación

Tamizamos la harina junto con el
azúcar moreno, la levadura, la sal
y el cacao y removemos bien
hasta que se mezcle. Aparte, ba-
timos el aceite y el agua. Incorporamos poco a poco el contenido del cuenco de
los sólidos batiendo hasta conseguir una masa suave y sin grumos. Añadimos las
nueces y el chocolate, ambos en trocitos pequeños.

Engrasamos y enharinamos una bandeja rectangular no muy alta y vertemos la
masa del brownie. Horneamos a media altura a 170 ºC media hora. Estará en su
punto cuando quede un poco húmedo por dentro y crujiente por fuera. Cuando
esté listo lo sacamos, dejamos enfriar en el molde y cortamos en pequeños cua-
drados o rectángulos. Se toma caliente o frío y podemos servirlo con un poco de
chocolate caliente u otra crema dulce por encima, helado, nata vegetal, bayas…

Nota

Si enharinamos ligeramente los trocitos de nuez y
chocolate antes de incorporarlos a la masa, no se deshacen.

Flan de vainilla

Ingredientes

Para el caramelo:

• 200 g de azúcar moreno • 60 ml de agua

• El zumo de ½ limón

Para el flan:

• 780 ml de leche de soja • 60 g de fécula
de maíz (maicena) • Una vaina de vainilla

• Sal marina • 100 g de sirope de ágave

• La piel de un limón

Preparación

Preparamos el caramelo poniendo al fuego
un cazo con el azúcar y el agua. Dejamos a
fuego medio-bajo sin remover durante 10-15
minutos, vigilando que no se queme. Añadimos el zumo de limón y lo vertemos en las
flaneras.

Apartamos 180 ml de leche de soja, disolvemos en ella la fécula y reservamos. Abrimos
la vaina de vainilla longitudinalmente y extraemos las semillas. Batimos el resto de la
leche con las semillas, la sal y el sirope de
ágave. La llevamos a ebullición junto con
la vaina de vainilla vacía y la piel de limón,
removemos y mantenemos a fuego lento.
Le incorporamos la leche en la que hemos
disuelto la fécula y dejamos que hierva
lento 8-10 minutos removiendo. Colamos
sobre las flaneras y dejamos enfriar seis horas.

Tarta de cerezas al estilo cheesecake

Ingredientes

Para la base: 300 g de galletas • 80 g de margarina

Para el relleno: 435 g de yogur natural de soja • 45 ml de zumo de limón recién exprimido • 3 g de agar-agar en polvo • 175 ml de leche de almendras • 20 g de sirope de ágave

Para la cobertura: 1 g de agar-agar en polvo • 2 cucharadas de agua • 125 g de mermelada de cerezas

Preparación

Pasamos un rodillo por encima de las galletas y mezclamos las migas con la margarina. Cubrimos con ello la base de un molde redondo desmoldable presionando bien y metemos en el frigorífico. Batimos el yogur con el zumo de limón. Disolvemos el agar-agar en la leche fría mezclada previamente con el sirope de ágave, llevamos a ebullición a fuego lento y, sin dejar de remover, hervimos un minuto. Retiramos y mezclamos con el yogur. Batimos bien hasta que quede una crema lisa y vertemos sobre la base de galletas. Dejamos enfriar en el frigorífico. Para la cobertura diluímos el agar-agar en el agua y batimos con la mermelada. Dejamos hervir un minuto sin dejar de remover. Apartamos y cuando se haya templado, vertemos por la superficie de la tarta. Se sirve muy fría.

Cookies con pepitas de chocolate

Ingredientes

- 160 g de margarina • 25 ml de aceite de nuez
- 50 ml de cualquier leche vegetal • ½ cucharadita de extracto de vainilla • 300 g de harina • 3 g de levadura • 3 g de bicarbonato sódico • 3 g de sal marina fina • 150 g de chocolate puro cortado en trocitos • 70 g de nueces • 170 g de azúcar moreno molido fino

Preparación

Batimos enérgicamente la margarina con el aceite, añadimos la leche, el extracto de vainilla y ligamos todo bien. En otro cuenco, mezclamos la harina, la levadura, el bicarbonato, la sal y el chocolate. Trituramos las nueces con el azúcar moreno hasta que queden molidos muy finos e incorporamos a la harina.

Añadimos, poco a poco, el contenido del cuenco de los sólidos al de los líquidos mezclándolo todo hasta obtener una masa homogénea y compacta. Tomamos porciones del tamaño de una nuez y hacemos bolitas.

Nota

Las galletas estarán listas cuando los bordes queden firmes y dorados, pero el centro todavía ceda un poco si presionamos un dedo con suavidad. Es mejor consumirlas cuanto antes.

Engrasamos la bandeja del horno o la forramos con papel vegetal y disponemos encima las bolitas aplastándolas con la palma de la mano y dejando espacio entre ellas para que se expandan al hornearlas. Horneamos unos 15 minutos. Retiramos del horno, dejamos enfriar en una rejilla y servimos.

Tiramisú

Ingredientes

• 150 g de margarina • 100 g de azúcar glas • Un yogur natural de soja • Una cucharadita de azúcar vainillada • 250 ml de nata de soja • 400 g de café fuerte • 50 g de ron añejo • Una plancha de bizcocho • 50 g de cacao en polvo

Preparación

Batimos la margarina primero sola y luego con el azúcar hasta obtener una mezcla esponjosa, clara y muy cremosa. Finalmente, batimos con el yogur de soja y el azúcar vainillada. Aparte, montamos la nata y la incorporamos a la mezcla anterior ligándola con movimientos envolventes para que no pierda aire. Llevamos la crema al frigorífico y la dejamos allí un buen rato para que tome cuerpo. Preparamos el café, le añadimos el licor y dejamos templar.

Nota

Con café descafeinado y sin licor también es delicioso y es apto para todos.

La plancha del bizcocho se divide en planchas pequeñas. Remojamos en el café esas planchas y forramos la base de un molde transparente con una primera capa sobre la que extendemos parte de la crema que reservamos en el frigorífico. Alternamos capas de bizcochos y crema, finalizando con una de crema. Espolvoreamos toda la superficie con cacao e introducimos en el frigorífico hasta el día siguiente. Cuando vayamos a servirlo podemos espolvorearle un poco de más cacao.

Espuma de chocolate
con fresas

Ingredientes

• 250 g de chocolate negro al 70% • 150 ml de agua • 30 ml de agua de azahar • 60 g de azúcar o panela molida • Hielo • 3 o 4 fresas • Aceite de oliva • Sal Maldon

Preparación

Troceamos el chocolate. Mezclamos las aguas y disolvemos muy bien el azúcar o la panela. Calentamos la mezcla en un cazo a fuego medio, incorporamos el chocolate troceado y removemos hasta que se fundan todos los trozos. Llenamos un cuenco con agua muy fría y cubitos de hielo y, a modo de baño María inverso, colocamos dentro otro más pequeño vacío sobre el que vertemos el chocolate fundido caliente. Batimos con un batidor manual o eléctrico hasta obtener la consistencia de una mousse (si batimos en exceso se endurecerá y tendremos que comenzar todo el proceso de nuevo empezando por calentar el chocolate), cubrimos el recipiente y guardamos en el frigorífico como mínimo cuatro horas.

Lavamos las fresas en abundante agua bajo el grifo, las dejamos escurrir en un colador y secamos con papel absorbente. Sacamos la espuma del frigorífico y, con la ayuda de dos cucharadas soperas muy frías, formamos un montoncito que vamos colocando en los platos. Ponemos dos o tres de estas porciones con forma ovoide en cada uno, les añadimos unas gotas de aceite de oliva virgen extra y las coronamos con varios granos de sal Maldon. Cortamos las fresas fileteadas, las disponemos una a una encima de cada montoncito –justo sobre los granos de sal– y servimos.

Términos usuales

Kuzu. Harina elaborada a partir de la fécula de la raíz de *Pueraria thumbergiana* usada para espesar salsas, sopas y purés.

Nigari. Nombre japonés para el cloruro de magnesio obtenido de un alga. Su uso en la cocina es ser el agente para que cuaje el tofu.

Pickles. Verduras encurtidas que se han sometido a un proceso de fermentación después de prensarse con sal marina. La más típica es la col (el chucrut).

Pizzocheri. Tipo de pasta tradicional de la región de Valtellina (Italia). Son como un *tagliatelle* corto, una cinta de pasta plana elaborada con trigo y alforfón.

Quark. Tipo de queso batido, cremoso y algo ácido que se usa en cocina para amalgamar salsas y como relleno en postres.

Rhizopus oligosporus. Hongo usado como levadura para hacer tempeh casero.

Seitán. Preparado alimenticio obtenido del gluten del trigo que contiene muchas proteínas vegetales y puede cocinarse del mismo modo que la carne.

Shoyu. Nombre japonés para la salsa de soja.

Soba. Fideos finos japoneses elaborados con harina de alforfón.

Tamari. Salsa japonesa elaborada con soja fermentada, parecida al shoyu.

Tempeh. Preparado alimenticio obtenido de la fermentación de la soja con el moho *Rhizopus oligosporus* que adquiere aspecto de pastel. Se cocina como la carne.

Tofu. Cuajada de leche de soja con muchas proteínas vegetales con diversos usos en la cocina: sustituye a la nata y al queso de origen animal y se puede cocinar del mismo modo que la carne.

Baba ganoush. Crema muy fina y suave hecha con berenjenas y tahína, típica de la cocina árabe, que se sirve con pan de pita.

Blini. Tortita parecida al crepe muy habitual en la cocina rusa, hecha con harina, huevos, leche y levadura.

Chapati. Pan redondo y plano indio elaborado con harinas integrales, agua y sal.

Edamame. Plato típico japonés, en el que las vainas de la soja se hierven en agua con sal y se sirven enteras. En China lo llaman *mao dou.*

Fermentado. Alimento que ha sufrido un proceso de oxidación.

Germinado. Estadio de un vegetal que empieza el desarrollo desde la semilla.

Gluten. Grupo de proteínas que se encuentran en la semilla de cereales como el trigo, centeno, cebada y avena. Las harinas con gluten son mejores para hacer panes, aunque hay que ser precavido, ya que muchas personas presentan alergia o intolerancia al gluten (celiacos).

Índice de americanismos

Aceite: óleo.
Aceituna: oliva.
Ajo: chalote.
Albaricoque: damasco, albarcorque, chabacano.
Alcachofa: alcahucil, alcuacil, alcací.
Almíbar: jarabe de azúcar, agua dulce, sirope, miel de abeja.
Apio: apio España, celemí, arracachá, esmirnio, panul, perejil, macedonio.
Arroz: casulla, macho, palay.
Azúcar glas: azúcar glacé.
Berro: balsamita.
Bizcocho: biscocho, galleta, cauca.
Cacahuete: maní.
Calabacín: calabacita, zambo, zapallito, hoco, zapallo italiano.
Cereza: capulín, capulí.
Champiñón: seta, hongo.
Chocolate: cacao, soconusco.
Col: repollo.
Coliflor: brócoli, brécol.
Escarola: lechuga crespa.
Fresa: frutilla.
Garbanzo: mulato.
Gelatina: jaletina, granetina.
Guisante: alverja, arveja, chicharro, petit pois, poroto.

Hierbabuena: hierbasana, hierbamenta, huacatay.
Higo: tuna.
Huevo: blanquillo.
Judías: frijoles, carotas.
Limón: acitrón, bizuaga.
Maicena: capí.
Maíz: cuatequil, capia, canguil.
Mantequilla: manteca.
Manzana: pero, perón.
Melocotón: durazno.
Mora: nato.
Nuez: coca.
Pan de molde: pan inglés, pan sándwich, cuadrado, pan de caja.
Pasas: uva pasa, uva.
Pastel: budin.
Patata: papa.
Pimienta: pebre.
Pimiento: ají, conguito, chiltipiquín, chiltona.
Piña: ananás, abcaxí.
Plátano: banana, banano, cambur, pacoba.
Puerro: ajo-porro, porro.
Requesón: cuajada.
Tomate: jitomate.
Zanahoria: azanoria.
Zumo: jugo.

Índice de recetas

Agua de arroz.................................. 37
Agua de cebada 40
Agua y leche de coco..................... 107
Albóndigas de soja texturizada en salsa de tomate 79
Arroz con leche de almendras....... 26
Barquitas germinadas.................... 135
Besamel vegana 17
Bizcocho con ciruelas rojas 150
Bolitas de mijo y espinacas 53
Brownies....................................... 152
Chucrut (Sauerkraut) 136

Cocción de arroz integral	35	Muesli básico	38
Cocción de la quinoa	44	Muffins de espelta y lavanda	56
Cocción del centeno	42	Pan de molde de centeno y trigo	
Cocción del mijo	44	con copos de avena	52
Cookies con pepitas de chocolate	155	Pan esenio (pan germinado, pan	
Crema agria de tofu	19	maná o pan de Ezequiel)	132
Crema de castañas y calabaza con		Panna cotta de coco	116
aceite de sésamo	115	Pizza huertana	54
Elaborar encurtidos	128	Polo cremoso de frutos rojos	96
Ensalada de cuscús	55	Preparación de germinados	
Ensalada de frutas y hortalizas con		caseros	122
vinagreta de mandarina	97	Queso vegano fermentado con	
Ensalada japonesa de alga wakame		rejuvelac	134
con pepino	98	Ratatouille o pisto a la francesa	99
Espuma de chocolate con fresas	157	Rehidratar algas	93
Falafel tradicional	77	Rehidratar setas	90
Flan de vainilla	153	Requesón de tofu y quark	19
Gelatina de uvas a la menta con		*Risotto* de arroz negro con	
agar-agar y chantillí de coco	100	alcachofas asadas	50
Hacer masa madre	126	*Risotto* de calabacín y albahaca con	
Hamburguesas de lentejas y arroz		yogur de soja	29
integral	78	Seitán en salsa agridulce	24
Helado de arándanos azules con		Seitán	12
semillas de sésamo negro	151	Sopa de verduras con cebada	51
Helado de chocolate con		Sopa miso vegetal	137
frutos secos	119	Tarta de cerezas al estilo	
Hierba verde de trigo	124	cheesecake	154
Higos rellenos de crema de		Tartaletas de manzana con crema de	
queso vegano de nueces de		almendras	117
macadamia	118	Tempeh	23
Hummus (paté de garbanzos)	76	Timbal de arroz con pesto de	
Jugo vital (hierba de trigo, manzana,		piñones	114
zanahoria y cítricos)	133	Tiramisú	156
Lasaña vegetal con besamel de		Tofu a la plancha con setas	28
arroz	27	Tofu	18
Leche de almendras	16	Tomates energéticos	75
Leche de soja	15	Tortilla de patatas sin huevo	101
Macarrones de Kamut con flores de		Tortitas veganas	25
calabacín	57	Veganesa	22
Mantequilla de cacahuete	106	Vinagreta	86
Mousse de algarroba	74	Yogur vegano	21